KB174977

게임 기획자를 꿈꾸는 이들을 위한
스토리 가이드북

게임기획자
공략집

게임 기획자를 꿈꾸는 이들을 위한
스토리 가이드북

게임기획자 공략집

초판인쇄 2019년 8월 2일
초판발행 2019년 8월 2일

지은이 오현근
펴낸이 채종준
기획 · 편집 이아연
디자인 서혜선
마케팅 문선영

펴낸곳 한국학술정보(주)
주소 경기도 파주시 회동길 230 (문발동)
전화 031 908 3181(대표)
팩스 031 908 3189
홈페이지 http://ebook.kstudy.com
E-mail 출판사업부 publish@kstudy.com
등록 제일산-115호(2000. 6. 19)

ISBN 978-89-268-8893-3 03040

게임 기획자를 꿈꾸는 이들을 위한
스토리 가이드북

게임기획자
공략집

오 현 근 지음

이담
Books

당신의 ♡
꿈은 무엇인가요?

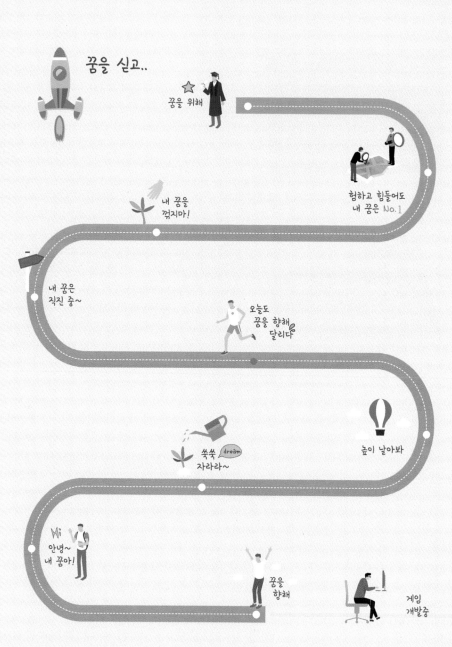

자라라
내 꿈~☆

요즘은 주변에서 학생들을 대상으로 하는 '직업 체험 학습'을 심심찮게 볼 수 있다. 체험 학습장에 들어서면 줄지어 만들어져 있는 많은 부스 앞에는 평소에 쉽게 들어 봄직한 직업명이 간판에 쓰여 있었다. 뉴스 앵커, 기자, 모델, 연예인 등 평소 대중 매체를 통해 자주 노출되는 직업들이 앞 순위에 배치된 것을 볼 수 있었다. 요즘 들어 게임 또한 많은 사람들의 관심을 받고 있다. 하지만 게임 개발자라는 직업은 대중들에게 소개되는 경우를 찾아보기 어려운 것 같다. 간혹 케이블 방송을 통해 게임 개발자가 소개된다 싶으면 유독 관심 있게 찾아보곤 했는데, 시간이 흐를수록 게임 개발자에 대한 소개는 더 적어졌다.

직업 중에서는 우리가 흔히 들어 보지 못한 직업이라 할지라도 직업명을 들으면 어떤 일을 하는지 대략적으로 예측해 보거나 필요에 따라 관찰해 볼 수 있는 직업들이 대부분이다. 반면 직업의 이름만으로는 추후 직업을 가지게 되었을 때, 어떤 일을 하게 될 것인지 예측하기 어려운 직업들도 존재한다. 나는 게임 개발자도 이에 속한다고 생각한다. 게임 개발자라면 당연히 게임을 만드는 직업이라는 정도는 쉽게 생각할 수 있다. 하지만 게임 개발자가 된다면 어떤 일을 어떻게 하게 될 것인지에 대해서는 상상하기 어렵다. 그중에서도 특히 게임 기획자가 그렇다.

어떤 직업을 가지고자 할 때에는 우선 그 분야의 일을 시도해 보고 나와 맞는 일인지 확인해 보는 과정이 분명 필요하다. 더불어 직업을 가지기 전까지는 우선적으로 나 스스로 즐겁게 할 수 있는 일인지를 확신할 수 있어야 한다. 그래야 이후에 맞닥뜨리는 상황을 대비하기에 수월하기 때문이다. 직업을 선택할 수 있는 기회는 일생에 한 번뿐은 아니다. 하지만 그렇다고 무한하게 그 기회가 제공되는 것도 아니다. 그렇기에 내가 가지고 있는 기회 내에서 원하는 직업에 대한 관심도를 높일 필요가 있다.

직업을 선택하게 되는 계기나 방법은 다양하겠지만, 지금 이 책을 읽고 있는 독자들은 다른 직업에 비해 조금이나마 게임 기획자에 대해 관심이 있을 것 같다. 더불어 게임 기획자가 스스로에게 맞는 직업인지를 확인하기 위한 과정 중이라 생각한다.

올해로 게임 기획자가 되고 게임 개발에 참여한지 13년째다. 그동안 많은 사람들과 같이 이야기를 하며 새로운 게임을 개발하고 유저들과 소통할 수 있었다. 그에 따라 실패도 경험하면서 게임 기획자라는 직업에 대해 전달할 수 있을 만큼 이야기가 쌓인 것 같다. 물론 나의 경험이 절대적이라는 것은 아니다. 기획자에 대한 경험은 게임

가짓수만큼이나 다양하다. 또한 시대에 따라 게임 기획자의 경험도 변화에 변화를 거듭하고 있다. 이제부터 만나게 될 나의 이야기도 수많은 기획자의 경험 중 하나 정도로 생각해 주면 좋겠다. 나와 똑같이 게임 기획자로 게임을 개발하고 있는 친구를 만나 그동안 경험에 대해 이런저런 수다를 떨 때면 회사와 동료, 개발에 사용되는 기술, 그리고 다른 게임 등으로 인해 같은 직업을 가졌음에도 완전히 정반대의 시간을 쓰고 경험했음을 깨닫게 된다. 그렇기에 직업으로서의 게임 기획자를 소개하며 '앞으로 어떤 경험을 겪게 될 것이다'라고 확정지어 이야기할 수는 없겠지만, 어떤 일을 해야 하는 직업인지에 대해서는 분명하게 언급할 예정이다. 또한 게임 기획자를 직업으로 고민하고 있는 이들에게 도움이 될 만한 글을 쓰고 싶은 만큼, 게임 기획자가 모든 사람들에게 무조건적으로 좋은 직업이라고는 이야기하지 않으려 한다.

이 책에서는 게임 기획자를 어떻게 시작하게 되었고 어떤 과정으로 게임을 개발했는지 등의 이야기를 담아내려 했다. 이와 같은 게임 기획자의 일상을 예능 프로그램을 보는 듯이 즐겁고 편안하게 엿볼 수 있길 바란다. 만약 평소에 상상했던 게임 기획자에 대한 이미지가 있었다면 생각했던 것과 일치하는 부분이 많을수록 좋을 것이고, 없었다

고 하더라도 게임 기획자의 새로운 모습에 매력을 느끼게 된다면 그 것만으로도 충분할 것 같다. 사실 게임 기획자는 게임이라는 콘텐츠를 만든다는 것만으로도 매력적인 직업으로 보일 수 있다. 반면 게임에 대한 인식이 좋게만 전달되고 있지 않은 요즘에는 직업으로 기피하는 사람들에 대한 이야기가 들리기도 한다. 각자 어떤 시각으로 게임 기획자를 바라보고 있는지는 알 순 없지만 이번 기회를 통해 게임 기획자라는 직업에 대해 최대한 솔직하고 정확하게 이야기를 나눠 보고 싶다.

영상을 통해 정보를 전달하는 것이 대세인 환경에서 살고 있는 요즘, 영상 매체가 아닌 책이라는 매체가 누군가에게는 낯설 수 있겠다. 하지만 영상과는 달리 책은 생각의 속도를 맞출 수 있기에 충분히 생각하고 고민해 볼 수 있는 시간을 제공한다. 직업 선택이라는 중요한 결정을 앞두고 있는 독자들이 이 책이 끝날 때쯤에는 게임 기획자가 되고 싶은 마음이 새롭게 생겨날 수 있길 소망한다. 더불어 이미 게임 기획자가 되기로 정한 사람들에게도 올바른 표지판이 되어줄 수 있길 바라며 나의 이야기를 시작하고자 한다.

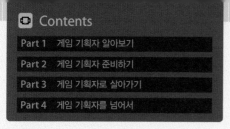

Contents

part
1

게임 기획자 알아보기

part
2

게임 기획자 준비하기

Q & A
들여다보기

게임은 어떻게
만들어지나요?

게임 기획자는
무슨 일을 하나요?

게임 기획자는
되기 어려울까요?

이직을 많이
하는 편인가요?

어떤 전공이 기획자에게
가장 이점이 있나요?

청소년 때 쌓아두면
좋을 경험이나 소양이 있나요?

기획자에게 적합한
성격이 있을까요?

게임 회사는
회식을 많이 하나요?

기획자를 뽑을 때 어떤 능력을
중점으로 평가하나요?

게임 기획자를 하면서
가장 행복했을 때는 언제인가요?

1

게임 기획자   알아보기

게임 기획자,
들어 보셨나요?

"어떤 일 하세요?"

학생의 신분을 떠나 누군가를 처음 만나게 되면 의례적으로 듣는 질문이다. 물어보는 사람이 어떤 대답을 상상하거나 기대했는지는 알 수 없지만 분명한 것은 내 대답이 평범하지는 않을 것이라고 기대한다는 점이다.

"게임 개발을 하고 있습니다."

내 대답을 들은 사람들의 표정은 오묘하다. 어떤 사람들은 신기하다는 표정을 지으며 호기심이 가득한 얼굴로 쳐다보기도 한다. 반면 게임을 싫어하는 사람들은 표정을 통해 단번에 어떤 생각을 하는지 눈치챌 수 있다. 호기심이 가득한 사람들은 오히려 내게 질문을 하는 편이다. "저 게임 좋아해요! 어떤 게임 만드셨어요?" 등의 질문이다. 보통은 게임 개발에 관심을 갖기보다 게임 자체에 관심을 갖는다는 표현이 맞는 것 같다. 물론 게임을 좋아하는 사람들은 항상 반갑게 대화할 수 있는 이야깃거리가 넘치지만 직업이라는 주제를 통해서는 내가 원하는 이야기 방향으로는 흘러가지 않을 것을 금방 알 수 있다.

스마트폰 판매량이 전체 국민 수보다 많을 정도로 대부분의 사람들은 스마트폰을 사용한다. 또한 그로 인해 자연스럽게 게임이 대중적인 콘텐츠로 빠르게 자리 잡을 수 있었다. 아이러니하지만 게임을 싫어하는 사람들까지도 자신도 모르게 스마트폰으로 게임을 하고 있는 스스로를 발견하게 되기도 한다.

하지만 정작 게임을 개발하는 사람들에게는 관심이 높지 않다. 이에 대해 게임 업계 종사자로서 서운한 마음이 들 수도 있지만 잠시만 생각해 보면 당연한 일이다. 우리가 평소에 자주 먹는 여러 종류의 음식, 특히 과자만 봐도 신제품이 나오면 굉장히 많은 사람들에게 관심을 받고 영상이나 글을 통해 평가 받는다. 하지만 누가 어떻게 만들었는지는 크게 관심이 없다. 과자라는 상품에만 관심을 가지는 것만으로도 충분하기 때문이다. 굳이 과자를 만드는 사람까지 알아야 할까?

만약 내가 새로운 과자를 개발하게 되어 과자 만드는 일에 사람들이 관심을 가지길 바랐다면 무슨 일을 하냐는 질문에 과자 '기획자'라고 대답했을 것 같다. 좀 더 직업을 구체적으로 표현하기 위해 '기획자'임을 강조하는 것이다. 이를 개인적인 대답으로 바꾼다면 바로 '게임 기획자입니다'라는 대답이다. 직접적인 직업에 대해 언급하면, 게임 자체에 대한 관심보다는 실제로 어떤 일을 하는 사람인지 관심을 가질 것이기 때문이다.

"무슨 일 하세요?"

"게임 기획자입니다."

"게임 기획자는 뭘 하나요?"

요즘은 직업에 대해 물어보면 위와 같이 대답한다. 이처럼 누군가가 '게임 기획자'라는 직업에 대해 물어본다면, 오랫동안 준비된 대답이었던 것처럼 머릿속에서 몇 번이나 반복했던 대로 대답할 것 같다. 덧붙여 요즘은 다양한 매체를 통해 게임을 개발하는 사람들이 노출되는 일들이 과거에 비해 크게 늘어 조금은 친숙하게 느껴지고 있을지도 모른다. 물론 친숙하다는 것이 곧 게임 개발자를 좋게 생각한다는 말은 아니다.

질문에 대한 대답을 할 때엔 "게임 개발과 관련된 다양한 사람들이 어떤 일을 하고 그중에 게임 기획자는……." 등과 같은 장황한 대답으로 이어진다. 게임 개발이라는 것이 워낙 복잡해서일까? 그래서 긴 설명이 필요하기 때문일까? 그보다는 게임 개발이 어떻게 되는지 사람들에게 설명해 주고 싶어서인 것 같다. 흔히 알고 있지 않은 다양한 직업(직군)들에 대해 설명을 할 때 주절거리듯 장황하게 풀어 이야기하고 나서야 게임 기획자가 어떤 일을 하는지 설명할 수 있기 때문이다. 게임 기획자라는 직업은 개발하는 게임과 회사에 따라 조금씩 다른 혹은 다양한 일을 하는 직업이다 보니 딱 한 마디로 정의하기 쉽지 않다. 그러니 말이 길어질 수밖에 없다.

물론 게임 기획자도 간단히 '게임 개발자'라는 직업으로 묶여 있다. 고등학교 때, 진로를 결정하는 과정에서 매년 한 번씩 작성해 왔던 장래희망을 나중에 졸업할 때가 되어 생활기록부를 통해 확인해 보니 3년 동안 꾸준히 '게임 기획자'로 적어 놓았었다. 물론 이 때는 게임 기획자가 무슨 일을 정확히 하는지는 알지 못했다. 그저 게임을 개발하는 사람이 되고 싶어서 적어 놓은 것 같다. 그렇다면 게임 기획자로 일한 지 10년이 지난 지금은 어떨까. 게임 기획자에 대해 알고 나서도 여전히 계속 일하고 싶은 직업일까? '게임 기획자'에 대한 이미지를 생각나는 대로 마음속으로 떠올려 보았다. 현실적인 단점도 떠오르지만 그럼에도 여전히 나에겐 '게임 기획자'는 매력적인 직업이다.

하루는 회사에서 일이 늦게 마무리되어 새벽 2시 경에 택시를 타고 집에 귀가해야 하는 상황이 생겨 새벽 공기를 마시며 집에 들어가고 있었다. 길가에 길게 서 있는 택시 중 가장 앞쪽에 있는 택시에 탑승을 해서 집으로 안전하게 데려다 주십사 기사님께 부탁드리려던 참이었다. 기사님께서는 인사말처럼 너무나 자주 듣는 '그 질문'을 마치 지하철 안내 방송처럼 건네셨다.

"무슨 일을 하는데 이렇게 늦게까지 있었어요?"
"하하···. 게임 만드는 일을 하고 있습니다."

이 질문을 시작으로 택시 기사님은 지금 하고 있는 게임, 그전에 즐겨 했던 게임, 본인이 게임에 대해 가지고 있는 좋지 않은 인식, 자녀가 하고 있는 게임 등 게임에 대한 이야기를 끊임없이 쏟아 내셨다. 이와 같은 대화는 구렁이 담 넘어가듯 자연스레 게임을 만드는 일에 대한 구체적인 궁금증으로 이어졌다.

"게임 기획자는 좋은 직업인가요?"

직업을 좋고 나쁨으로 평가하는 것은 선호하지 않지만, 위와 같은 질문은 실제로 내가 게임 회사에 취업을 하고 일을 시작하던 시점에 받았던 질문이었다. 그래서 누군가에게는 중요한 질문이 될 수도 있기에 답을 해 보고자 한다. 바로 "나에게는 정말 좋은 직업이다"라고 말이다. 이처럼 직업에 나를 맞추는 것보다 나에게 맞는 직업을 고려하는 것이 중요하다.

만약 내가 다시 태어난다면 선택하고 싶은 직업이 두 가지 있다. 게임 기획자를 선택하지 않는다면 말이다. 그중 하나는 요리사이고 다른 하나는 운동선수다. 대답을 듣는 순간 여러 직업 중에 왜 하필 힘든 직업을 선택하느냐고 물을 수 있을 것 같다. 내가 두 직업을 선호하는 이유는 나의 행위를 통해 다른 사람에게 만족감을 줄 수 있는 직업이라는 것이 매력적이기 때문이다. 하지만 두 직업 모두 부모님 입장에서는 선호하는 직업 유형은 아닌데, 이는 성공하기가 매우 쉽지 않기 때문이다. (쉽지 않다는 정도를 넘어 너무나 어렵다고 말해야 할 것 같다.) 물론 어떤 직업은 되는 것만으로도 어느 정도 성공이 보장되어 있지만, 어떤 직업은 남들과 똑같은 속도로 결승선까지 달려도 비슷한 생활을 유지할 수 있을지도 확신하기 어렵다. 이런 식으로 생각해 보면 요리사나 운동선수는 좋은 직업이라고 선뜻 말하긴 어려울 것 같다. 하지만 많은 사람들이 그 분야에서 성공하고자 노력하고 있고, 시간이 갈수록 점점 더 인기가 상승하는 추세임은 분명하다.

앞서 말했던 것처럼, '내가 만든 무언가를 통해 누군가 만족하는 것'이 직업 선택에 중요한 기준이 된다면, 게임 기획자도 그와 같은 조건에 잘 부합하는 직업이라 생각한다. 그렇다면 게임 기획자로 일하며 '성공'했다고 말할 수 있는 경우는 어떤 걸까?

많은 사람들이 즐기는 게임을 개발했다고 한다면 게임 기획자로 '성공'한 것에 가장 근접하게 다가갔다고 이야기 할 수 있다. 많은 사람들에게 즐거움을 줄 수 있는 게임을 기획한다는 성취감은 성공과 닿아있다고 생각하기 때문이다. 물론 그와 더불어 그에 따른 금전적인 이익도 생각해 볼 수 있다.

앞서 말한 '성공'으로 직업의 좋고 나쁨의 기준을 일반화하긴 어렵다. 그렇다면 무엇으로 직업의 좋고 나쁨을 평가해야 할까? 내 기준이지만 그 일을 하며 벌어들이는 금액은 분명 아니다. 물론 연봉이 높은 직업이면 좋겠지만 연봉이 직업을 선택하는 유일한 조건은 아니기 때문이다. 그렇다면 게임 기획자는 어떨까? 연봉을 차치하고 생각해 보면, 게임 기획자는 '게임이라는 콘텐츠를 통해 사람들에게 즐거움을 선사할 수 있는' 직업이라 말할 수 있다. 그래서 이와 같은 꿈을 가진 사람에게는 더할 나위 없는 좋은 직업일 것이다.

이렇게까지 이야기했지만 사실 게임 기획자로 일하는 나도 직업에 대한 고민은 계속 가지고 있다. 내가 정말 무엇을 해야 하는지 잘 모르겠고, 게임을 정말 좋아하고 있는 것인지, 게임을 기획(개발)하는데 재능이 있는 것인지도 잘 모르겠다. 이는 내가 10년 동안 게임을 개발하면서 계속해서 고민한 부분이기도 하다. 이처럼 내가 잘하는 것을 찾고 직업을 선택하는 일은 절대 쉬운 일이 아니다.

직업을 선택하는 문제에 대해 짧게 조언을 덧붙이고 싶다. 태어날 때 머리에 직업을 미리 적어놓지 않는 이상 직업은 언젠가는 선택해야 하는 문제다. 물론 빨리 결정하면 좋겠지만 늦게 결정한다고 하더라도 손해 보는 것은 아니다. 직업에 대한 고민을 하고 있을 때, 관심을 가진 그 직업에 대해 길게 고민을 가지기보다는 바로 도전해 보는 것이 가장 중요하다고 생각한다.

"굉장히 빨리 일을 시작했네요."

나는 일찍 회사에 입사했기에 나이에 비해 경력이 길다. 그렇기에 위의 말은 새롭게 만나는 사람들이 내게 건네는 말 '베스트 3'에 속한다. 지금도 내가 일찍 취업할 수 있었던 것은 운이 좋았기 때문이라고 이야기한다. 우연에 우연이 잘 만나 직업을 선택하고 취업까지 잘 할 수 있었고 지금까지도 일을 할 수 있었다. 하지만 이것이 나에게만 해당되는 행운은 아니라고 생각한다. 내가 한 결정에 확신을 할 수 있도록 최선을 다해 보고, 그 결과가 나에게 확신을 줄 수 있다면 직업으로 결정하는데 가장 확실한 가이드가 될 것이다. 또한 결과가 좋지 못했더라도 좌절할 필요는 없다. 내가 나에게 확신을 가질 수 있는 다른 일을 찾아보면 된다. 그렇기에 시도도 빨리, 실패도 빨리 경험하길 추천한다. (운으로만 결정되는 복권에서도 1등을 하기 위해서는 우선 복권을 구매하는 것부터 시작하듯이) 언제가 되었든 생각한 그 시점부터 도전해 보는 것이 중요하다.

Q & A

게임은 어떻게
만들어지나요?

모든 게임은 우리가 흔히 사용하는 컴퓨터를 통해 개발이 이루어진다. 게임은 개발 도구를 사용하여 컴퓨터가 이해할 수 있는 언어(Computer Language)로 개발된다. 게임 외에도 컴퓨터 혹은 핸드폰 등에서 사용하는 프로그램(Software) 또한 모두 동일한 방법으로 개발되고 있다. 이때 어떤 기기에서 사용할 프로그램인지, 또 어떤 사람이 사용하게 될지에 따라 개발도구나 컴퓨터 언어를 적절히 선택하여 개발에 효율성을 고려해야한다. 게임도 마찬가지로 어떤 게임인지에 따라 개발 도구나 언어를 적절하게 선택해야한다. 개발 과정은 모든 게임 프로젝트(Project)에 따라 많은 차이를 보이지만, 아래 설명이 기본적인 개발 과정이라 생각하고 읽어도 무방하다. 근래 많은 사람들이 즐기고 있는 스마트폰 게임을 기준으로 살펴보자.

우선 어떤 사람이 게임을 개발하는 지 이야기하기 전에 게임 회사 규모에 따라 개발하는 인원 구성에 차이가 있다는 점을 알아야 한다. 큰 회사의 경우 업무가 세분화되어 있어서 다양한 사람들이 개발에 참여하고 있다는 점을 미리 알아 두면 좋다. 어느 회사든 동일하게 포함되는 구성 인원을 살펴보면 크게 게임 기획자(Game Designer), 게임 프로그래머(Game Programmer), 그래픽 디자이너(Game Artist)의 세 가지 직군을 흔히 게임 개발에 필요한 직군으로 구분한다. RPG(Role Playing Game) 게임을 개발한다고 가정했을 때 우선 이 책의 주인공 격인 게임 기획자는 게임의 방향 그리고 규칙 등을 설계하는 사람들로, 게임의 이야기(Scenario)를 만들고 게임에 필요한 캐릭터와 전투 및 성장 규칙들을 만드는 일을 한다. 그 다음으로 게임 프로그래머는 어떤 도구와 기술을 사용하여 게임을 실제로 구현할 지를 결정하고 효율적으로 게임을 개발하는 방법에 대해 고민을 하는 직군이다. 즉, 게임 기획자의 기획 내용을 실제 게임으로서 플레이할 수 있도록 구현하는 사람들이다. 마지막으로 그래픽 디자이너는 게임의 얼굴을 예쁘게 때로는 멋있게 만들어 주는 사람들이다. 이들은 게임에서 보는 모든 시각적인 것들을 만드는 사람들이다. 예쁜 캐릭터와 배경을 만들고 효과 연출 등에 대한 방향을 고민하여 게임이 플레이어(Player)들에게 어떤 이미지로 다가가는 것이 좋을지 결정한다.

게임을 만들기 위해서는 이렇게 업무를 분류하고 각자 할 일을 분담하여 개발에 참여한다. 하지만 동시에 잊지 말아야 할 것은 게임이 팀원들의 협업에 의한 결과물이라는 점이다. 각 담당자들은 본인에게 주어진 업무 이외에도 개발하고 있는 게임에 대해 결정이 필요하거나 부족한 부분이 있는 경우 해결할 수 있는 방법을 같이 모색하기도 한다.

개발 개발 팀의 구성원은 주로 그래픽 디자이너가 가장 많은 비중을 차지하고 그 다음으로 게임 프로그래머, 마지막으로 게임 기획자 순으로 구성된다. 물론 게임의 장르나 팀 특성에 의해 조금씩 차이가 있다. 또한 게임 개발 단계 초기와 중기, 후기 등의 기간으로 생각해 보았을 때에도 각 시기별 구성 인원 비율에 큰 차이가 있을 수 있다.

실제로 몇 명의 인원이 한 게임을 개발하는데 투입되는지를 알아보면 소규모 팀은 5~15명에서 20~30명 정도가 가장 많은 비중을 차지하는 팀 규모다. 보통 80~100명 이상이 되면 대규모 팀으로 생각한다. 팀의 규모는 개발하고 있는 게임의 규모와 같은 의미로 생각할 수 있다. 똑같은 RPG게임이라고 하더라도 MMORPG(Massively multiplayer online)의 경우 개발에 많은 인원이 필요하지만, 소규모의 팀으로도 개발할 수 있는 RPG게임의 형태도 존재한다. 이처럼 게임의 형태에 따라 개발 기간 또한 결정된다. 당연히 큰 규모의 게임 일수록 긴 기간 동안 개발해야 하는 게임인 경우가 많다. 물론 소규모의 팀이라고 하더라고 개발을 극단적으로 빠른 시간 내에 진행할 수 있는 것은 아니고 보통 2~3년 정도를 하나의 게임 개발하는데 필요한 시간으로 잡는다. 여기서 필요에 따라 3~4년이나 많게는 5년 이상 개발하는 경우도 있다. 만들고자 하는 게임을 결정하고 결정한 게임 구상에 따라 팀 구성 인원이나 규모, 개발 기간 등을 미리 계산하여 진행한다. 필요에 따라서는 개발 구성원을 먼저 결정하고 구성원에 따라 개발할 수 있는 게임을 역으로 찾아 멋진 게임이 개발되는 사례도 생각보다 많이 있다.

· 게임 개발 과정(Process)에 대해서는 간단한 검색 만으로도 세부적인 이론 및 정보 등을 쉽게 찾아 볼 수 있기 때문에, 실제 개발 과정에서 주로 진행하는 단계만 간단하게 소개해 보려 한다.

콘셉트 구상	프로토 타입 제작	테스트 버전 개발	정식 출시
완성될 게임의 대략적인 그림을 그리는 단계로 한 장의 그림이나 영상, 이야기 등을 활용한다.	앞서 구상한 콘셉트 범주에서 게임의 핵심 재미 요소를 만들어 내는 과정이다. 뼈대를 만드는 작업이라 생각하면 된다.	우리가 흔히 생각하는 게임다운 모습을 갖추게 되는 단계로 흔히 알고 있는 CBT 단계가 여기에 속한다	다듬기(Polishing)와 테스트(QA)를 반복하여 게임을 출시하게 된다.

Q&A

게임 기획자는
무슨 일을 하나요?

첫 번째 질문에서 게임 기획자는 '게임의 이야기를 만들고 게임에 필요한 캐릭터와 전투 및 성장 규칙들을 만드는 일'을 한다고 이야기했다(RPG 장르를 기준으로). 그럼 조금 더 세부적으로 기획자가 어떤 일을 하는지 이야기해 보자.

게임 기획자는 하는 일을 기준으로 한 번 더 세부적으로 분류할 수 있다. 이전에는 게임 기획자가 하나의 직군으로만 분류되었다면, 게임이 점차 복잡해지고 여러 조직들이 생겨나면서 그만큼 다양한 일을 담당하는 전문성을 필요로 하게 되었고, 그로 인해 기획자의 분류가 생겨나게 되었다. 앞으로도 새로운 기획자의 형태가 생겨나거나 혹은 지금 있는 분류가 사라지고 합쳐지는 등의 변화가 있을 것이다. 그럼 현재 게임 기획자에 대해 주로 분류하고 있는 직군을 살펴보자.

게임 기획자는 콘셉트/시나리오 기획자(Concept/Scenario), 시스템 기획자(System), 콘텐츠 기획자(Contents), 레벨 디자이너(Level Design) 등 네 가지로 크게 구분된다.

먼저 콘셉트/시나리오 기획자는 게임의 이야기를 만드는 사람이다. 게임에는 생각보다 많은 이야기를 필요로 한다. 일반적으로 생각할 수 있는 큰 게임의 이야기는 흔히 세계관이라고 생각하면 된다. 이는 게임의 큰 방향을 결정하는 이야기이기 때문에 대부분 개발 초기에 작업이 진행된다. 그리고 이 세계관은 중간중간 필요에 따라 이야기가 덧붙여지기도 하고 수정되기도 한다. 그 외에는 중요도는 비교적 낮지만 일의 양이 많은 것들인 NPC(Non-Player Character)들의 대사 그리고 퀘스트의 단편 이야기들, 아이템 설명 등의 업무가 있다. 이것 모두가 콘셉트/시나리오 기획자의 업무에 해당된다. 더불어 요즘 들어 점점 중요하게 부각되는 기획자 역할로, 게임에 등장하는 캐릭터들의 성격을 뚜렷하게 만들어 주기 위해 이름, 설정에 힘을 쏟는 것이 있다. 이는 게임을 플레이하는 유저(User)들이 이야기 몰입할 수 있도록 도와주는 역할을 한다. 아이템 설명과 함께 유저들의 상상력을 자극하는 요소로 캐릭터의 이름이나 아이템의 이름 또한 중요하기 때문이다. 공들여 설정된 아이템 이름만으로도 어떤 세계에 들어와 있는지, 어떤 과정을 거쳐서 혹은 누가 사용했던 아이템인지 등을 상상할 수 있다. 신경을 써서 작업을 하는 만큼 유저들의 게임 플레이 만족도를 올려줄 수 있는 기획 업무다.

다음으로 시스템 기획자는 게임의 기반이 되는 규칙을 설계하는 일을 담당한다. 게임에 등장하는 캐릭터가 칼을 사용하여 몬스터와 전투를 한다고 생각해 보자. 시스템 기획자는 캐릭터가 칼을 휘두르는 동작을 했을 때 몬스터가 어떤 시점에 어떻게 피해를 입을 것이며, 몬스터가 공격을 했을 때 플레이어 캐릭터는 피격 동작을 어떻게 할 것인지 등의 규칙을 기획해야 한다. 이 외에도 두 명의 플레이어가 같이 협동을 해서 몬스터를 잡았을 때 획득할 수 있는 아이템을 어떻게 분배할 것인지, 마지막에 공격한 플레이어가 모두 획득할 수 있게 할 것인지 등을 결정하는 일을 한다. 시스템 기획 업무는 때로는 게임 프로그래머들과 비슷한 지식을 필요로 하는 경우가 많다. 프로그래머들에게 개발 요청을 하는 비중이 가장 높은 직군 중에 하나기 때문이다. 그렇기에 시스템 기획자는 개발에 필요한 기획서에 구현에 대한 신경을 조금 더 쓰도록 요구된다.

콘텐츠 기획자를 이해하기 위해서는 먼저 콘텐츠를 이해할 필요가 있다. 콘텐츠를 떠올려 보면 캐릭터, 몬스터, 던전, 아이템, 이벤트 등을 떠올릴 수 있다. 즉 게임에 어떤 캐릭터가 혹은 어떤 직업이 등장해야 가장 재밌을지 고민하는 기획자에 해당된다. 예를 들어 우리나라 게임에는 기존 판타지 세계에 존재하지 않았던 '심마니'라는 직업이 들어갈 수 있다. 이 직업은 사냥터에서 다른 직업에 비해 좋은 아이템을 쉽게 발견할 수 있는 특성을 지닐 것이다. 이처럼 간단한 기능 설명과 함께 캐릭터를 기획하게 된다. 이걸로 끝이 아니라, 해당 직업이 어떤 능력(Skill)을 가지고 있는지 등 해당 캐릭터가 완성되는데 필요한 요소들을 기획하게 된다. 몬스터나 아이템은 어떨까. 초원 던전이 들어간다고 생각해 보자. 콘텐츠 기획자는 해당 초원 던전에서 등장해야 할 몬스터와 그 몬스터를 통해 획득할 수 있는 아이템의 종류에 대해서 기획을 하게 된다. 초원 던전에 필요한 몬스터는 몇 종류가 될 것이고, 몬스터의 강함은 어느 정도 할 것인지, 획득할 아이템은 어떤 것을 연결하는 것이 올바른지에 대한 고민 또한 콘텐츠 기획자의 업무이다.

마지막으로 레벨 디자이너는 중의적인 의미로 사용되는 경우가 있다. 해당 분류에서 밸런스 기획자에 대한 언급은 하지 않았는데, 개발 팀 성향에 따라 레벨 디자이너를 밸런스 기획자와 동일하게 사용하는 경우도 있고 밸런스 기획자가 별도로 존재하지 않고 각자 맡은 업무의 해당하는 기획자가 밸런스를 조절하는 경우도 있기 때문이다. 여기서는 게임의 활동 영역이 될 맵을 디자인하는 레벨 디자이너로서의 기획자를 설명하고자 한다. 이들은 RPG게임에서는 던전이나 마을 등의 플레이어가 이동하는 공간을 어떤 형태로 구성하는 것이 재밌을지를 고민하는 사람이다.

마을에서 입구는 어디에 배치 되어야 하고 상점이나 퀘스트를 받는 NPC는 어디에 위치해야 가장 귀찮지 않고 즐겁게 이동하면서 마을로서 느낌을 살릴 수 있는지를 게임의 방향이나 재미에 중점을 두어 결정한다. FPS(First-Person Shooter)에서는 전장을 구성하고 레이싱 게임에서는 코스를 만드는 일을 바로 레벨 디자이너가 담당하게 된다. 이처럼 다른 기획자에 비해 게임의 장르에 따라 요구되는 능력의 차이가 생기게 된다.

위와 같이 다양한 기획자의 세부 직군들에 대해 설명해 보았다. 나는 어떤 기획자에 가장 적합할지 한번 생각해 보는 것도 도움이 될 것이다. 다양한 일을 경험해 보는 것도 좋겠지만 한 쪽의 기획 능력을 전문적으로 키우는 것이 게임 개발할 수 있는 기회를 만들고 자신만의 전문성을 키우는데 도움이 될 것이다.

덧붙여 기획자가 업무에 사용하는 개발 도구에 대해서 간단하게 언급해 보자면, 설계 도면을 작성하는 역할의 문서 작업을 빼놓을 수 없다. 어떤 일을 시작하든 기획자에게 첫 번째로 해야 할 일은 문서 작성이다. 그렇기에 다른 팀원이 이해할 수 있도록 문서 작업을 하는 능력이 요구된다. 그 외에도 누군가를 설득하기 위해 발표를 하거나, 밸런스 작업을 하기 위한 관련 프로그램(주로 엑셀)을 사용하는 경우가 있다. 기획자가 개발에 사용하는 도구에 대해서는 이후 글에서 더 자세히 언급하고 설명할 것이다.

Q & A

콘텐츠	시스템
게임의 즐길 거리를 기획한다. 캐릭터, 몬스터, 아이템, 이벤트 등 다양하다.	게임 내부 구조에 대한 기획을 담당한다.
콘셉트/시나리오	레벨 디자인
게임의 이야기가 닿는 곳 처음부터 끝까지 관여하여 기획한다.	게임의 흐름을 기획하는 기획자로 맵을 구성하거나 밸런스 등을 담당한다.

게임 기획자

팀에 따라 업무의 비중이 조금씩 다르고 여러 임무를 중첩하여 담당하는 경우도 적지 않다.
게임의 장르나 특성에 따라 새로운 분류의 기획자를 만드는 경우도 있다. Ex) 액션 기획자

Q & A

게임 기획자는 아이디어만 좋으면 될 수 있나요?

뻔한 답변이겠지만 이에 대한 답변은 '그렇지 않다'다. 반대로 이야기하면 아이디어가

뛰어나지 않아도 기획자를 할 수 있다는 의미가 되겠다. 아이디어도 어떤 아이디어인지

에 따라 천차만별이기 때문에 '아이디어'라는 것 하나로 묶어서 좋고 나쁨을 판단하기엔 무리가 있다. 물론 팀에서 해결해야 하는 문제나 본인이 맡은 업무에 맞는 적절하고 좋은 아이디어를 낼 수 있는 기획자라면 좋은 기획자라고 할 수 있겠다. 하지만 모든 상황에서 좋은 아이디어를 내는 것은 쉽지 않고, 생각한 아이디어의 방향이 해결해야 할 문제와 다르다면 아이디어가 좋고 나쁨을 떠나 적절한 능력으로 보기엔 무리가 있다.

광고를 제작하는 사람의 경우를 떠올려 보자. 이 사람은 주변에서 일어나는 일들을 짧은 시간이나 하나의 이미지, 그리고 문구를 통해 전달하는 것을 고민한다. 이에 반해 게임 기획자는 이와는 전혀 다른 아이디어가 필요하기 때문에 똑같은 현상이나 매체를 통해 아이디어를 생각해 내는 과정이 앞서 언급한 광고인들과는 다를 수밖에 없다. 또한 게임 기획을 하다 보면 생각보다 사소하게 결정해야 하는 기획 요소들이 굉장히 많다. 이런 상황마다 요구되는 아이디어는 기발한 아이디어일 수도 있고, 효율적으로 해결할 수 있도록 하는 아이디어일 수도 있다. 혹은 아이디어가 아니라 타 게임을 참고하여 우리 게임에 어떤 형태로 맞게 개량 및 적용할 수 있을지에 대한 고민이기도 하다. 이런 경우는 새로운 아이디어에 대한 고민은 적고, 효율적인 해결을 위한 상황 판단 능력과 현실적으로 적용할 수 있는 범위 안의 아이디어가 필요한 경우다. 이런 면에서 보았을 때, 상황을 고려하지 않은 단순한 기발한 아이디어는 게임 기획자에게 필요한 적절한 능력으로 보기 어렵다. 조금 부족한 아이디어라고 하더라도 어디에 어떻게 사용할 것인지를 결정하는 능력을 키워 빛나는 게임의 재미를 더할 수 있다면 그것이 기획자로 필요한 능력이지 않을까?

Q & A

개발과 관련된 용어는
왜 유독 영어가 많은가요?

이 책에서도 마찬가지로 게임 개발 및 게임과 관련된 용어들을 한글과 영문을 혼재하여 기술했다. 왜 직군에 대한 표현을 영문으로 사용하는지 혹은 한글에 대한 표기는 없는지 등의 의문이 생길 수 있겠다. 게임 개발 환경에 따라 용어의 차이가 생길 수 있지만 게임 업계에서 사용하고 있는 용어들은 영문인 경우가 많다. 영어를 선호하는 사람들이 많아서도 아니고 영어를 잘하는 사람들이 게임을 개발하고 있기 때문도 아니다. 컴퓨터의 탄생과 발전 과정에서 컴퓨터 언어가 영어를 기반으로 개발되었고, 컴퓨터 언어를 사용하여 개발을 하는 환경이다 보니 영문 용어가 자연스레 사용된다. 물론 몇몇 용어가 한글로 교체를 시도하고 있지만 대부분은 아직까지 익숙함의 이유로 영어 단어를 그대로 사용하고 있다.

더불어 해외의 신기술을 학습하거나 때로는 외국인들과 공동으로 개발을 하기 위해서 사용하는 용어의 통일화가 굉장히 중요한 이슈로 부각되고 있다. 이런 점에서 기원이 된 용어를 우선 학습하는 것이 중요하다. 또한 필요에 따라서 우리식에 맞춰 변경할 수도 있겠지만 무조건적으로 한글로 변경하는 것이 개발에 항상 도움이 된다고 얘기하기도 어렵다. 아마 앞으로도 한글로 변경하여 사용하는 것들도 있을 것이고 또 새로운 용어들이 탄생되어 전파될 것이라는 점을 알아 두는 것이 좋다. 간혹 게임 개발에 관련된 용어 중에 왜 이런 용어가 되었고 어디서부터 어떻게 사용이 되었는지에 대한 논의가 생기는 경우도 있다. 이처럼 개발에 참여하는 사람들은 더 효율적으로 의사 전달을 하기 위해 용어에 대한 궁금증이나 변화에 대해 지속적인 관심을 보이고 고민하고 있다. 기획자에게는 특히나 가장 중요한 업무 중 하나가 다른 직군의 팀원들과 의사소통이다 보니 이런 주제에 대해 이야기 할 일이 아무래도 빈번하게 발생하는 것 같다.

개발 전선,
이상 무!

　처음 게임 회사에 취업할 때는 다른 요소는 전혀 고려하지 않고 직업을 선택했었다. 하지만 이제는 누군가 나에게 직업과 취업에 대한 것을 물으면 오히려 내가 더 걱정을 하며 어떻게 계획하고 있는지 물어보게 된다. 직업을 결정함에 있어서 수입은 결코 무시할 수 없는 요소다. 내가 원하는 특정 직업을 갖고자 진로를 결정했다면, 결정한 직업으로 안정적인 생활을 하는 것이 어느 정도로 어려운 문제인지, 그리고 수입은 어느 정도인지 미리 확인하는 것이 좋다. 이를 통해 현실적인 생활 계획을 세우는 데 도움이 되기 때문이다. 언젠가 뉴스에서 무형 문화재에 대한 소식을 본 적이 있다. 업무 환경에 대해 설명을 하며 관련 직종에 종사하고 있는 몇 남지 않은 사람들의 인터뷰였다. 그 내용을 보니 안타깝기만 했다. 그 자신들도 굉장히 좋아하는 일이며 자부심을 가지고 있고 누구나 그 직업에 대해 굉장히 가치 있다고 이야기하지만 직업으로서 지속하기가 쉽지 않은 일이라 생각됐다. 만약 그 직업을 가지게 되고, 어느 정도 그 직업에서 성공한다고 하더라도 벌어들이는 수입이 적어서 기본적인 생활을 지속하기 힘든 경우엔 생활의 일부를 포기해야 하는 일이 생기기도 하기 때문이다.

　결론부터 이야기하자면, 다행히도 게임 기획자로 일하는 것은 각오를 할 만큼 힘든 일은 아님을 이야기하고 싶다. 그리고 드물지만 크게 성공해서 그만큼의 보상이 따라오는 경우도 뉴스나 지인을 통해 어렵지 않게 들을 수 있다. 이런 환경에서 게임 기획자로 게임 개발하는 일을 언제까지 할 수 있을지에 대한 답을 찾고자 한다면, 아직은 알 수 없을 것 같다. '답을 모른다'기 보다는, '답이 아직 나오지 않았다'고 말하고 싶다. 현재로서는 생각보다 일찍 일을 그만두는 사람도 있고, 지금까지도 오랜 시간 동안 게임 개발에 참여하는 사람도 있다고 이해하면 좋겠다.

특히 우리나라 게임 업계의 경우, 처음 게임 개발을 했던 소위 1세대 개발자로 불리는 사람들이 아직까지 업계에서 개발자나 관리자로 참여하고 있다. 그렇기에 몇 살까지 이 일을 할 수 있을지는 아직은 결과가 나오지 않았다고 이해할 수 있다. 개인적으로 해외의 게임 개발자들에도 관심을 갖는 편인데, 아무래도 우리나라보다 긴 시간 게임 개발자로 일하고 있는 사례가 많기에 그만큼 더 많은 이야기를 인터넷 포럼 등에서 간혹 찾아볼 수 있다. 물론 원하는 답이 딱 하고 나오진 않았지만 말이다.

물론 자기 자신이 하기 나름이라는 답이 있다. 이는 어느 직업이나 당연한 대답이 될 수 있을 것 같다. 일을 금방 그만둔다고 해서 그 사람이나 노력이나 의지만이 부족해서는 아닐 것이다. 경험이 많아질수록 그 직업 내에서 전문적으로 생각할 수 있는 깊이가 생기고 노력의 여하에 따라 기술 종류도 다양해지면서 개발할 수 있는 게임의 종류가 다양해진다. 영화 업계와 비슷하게, 개인의 능력뿐만 아니라 게임의 종류도 복합적인 장르로 합쳐지며 새로운 형태가 계속해서 탄생되고 있다. 또한 앞으로도 무한히 확장될 것으로 보인다.

이렇게 생각해 보면, 게임 업계에서는 나이에 관계없이 오랫동안 일을 할 수 있다고 생각해 볼 수 있을 것 같다. 만약 그렇다면 충분히 안정적인 직업이라고 생각할 수 있지 않을까? 다시 한 번 미래의 나에게 열심히 하라는 채찍질을 해야겠다고 생각하게 되는 대목이다.

반대로 기술이 발전함에 따라 다른 영역에서도 기계가 늘어나고, 자동화가 고도화되면서 사람의 일자리가 감소하는 현상을 쉽게 접할 수 있다. 이러한 점은 게임 개발 영역에서도 적용하여 생각해 볼 수 있다. 실제로 게임을 개발하는 도구의 발전 또한 점점 가속화되면서 특정 직군이 필요하지 않을 수도 있다는 얘기를 주변 사람들과 심심치 않게 하게 된다. 하지만 게임 개발 자체는 기술뿐만 아니라 지식과 함께 결합된 능력을 기반으로 한 창의 사업이기 때문에 이와 같은 문제 또한 접어 두어도 될 것 같다. 게임 개발 업계에서 기술의 발전은 일자리 감소의 방향보다는, 더 발전된 형태의 멋진 게임을 더 빠르고 효율적으로 개발하기 위한 방향으로 진행되고 있다. 내가 가지고 있는 기술이 사라진다고 한다면 그저 새로운 기술에 대해 거부감 없이 습득하면 되는 것뿐이다. 그렇기에 게임 개발에 필요한 인원이 줄어든다기 보다는 개발자에게 요구하는 기술이 바뀌고 있다는 맥락으로 이해하는 것이 좋다.

공장에서 동일한 결과물을 만들어 내는 상황은 게임 업계에서는 상상하기 어렵다. 이는 시장에 이미 나와 있는 게임과 동일한 게임을 개발함으로 얻을 수 있는 경제적 이익이 없기 때문이다. 물론 요즘은 가급적 실패를 줄이기 위한 방법으로 작은 변형을 통해 새로운 결과물을 만들어내는 방법을 취하고 있지만, 최소한의 작은 변형이라고 하더라도 어떤 방향으로 어떻게 변형할 것인지에 대한 고민은 기계가 대신 해줄 수 없는 문제다.

즐거운 주말이 지나고 월요일이 찾아오면 어김없이 새로운 기술이 등장하고 어딘가에서 새로운 게임이 출시되어 많은 사람들에게 선보여지기를 기다린다. 이렇게 하루하루가 새롭게 태어나고 있는 시점에서 기획자라는 직업도 이에 뒤질세라 시대의 발 맞춰 그 업무가 세분화되고 있다. 기획자가 어떤 일들을 하는지 나중에 자세하게 알아봐야겠지만, 한 직업의 세분화가 이루어지고 있다는 것은 그만큼 전문화가 진행되고 있다는 것과 같은 맥락으로 생각해 봐야 하지 않을까. 기획자에게 필요로 하는 전문적인 지식이나 기술들이 늘어나고 있고, 자신이 몰랐던 지식이나 기술 그리고 '경험'을 하나 더 자신의 것으로 만드는 것이 얼마나 중요한지 매주 월요일마다 깨닫고 있다. 주말이 되면 까먹는다는 것이 문제이긴 하지만.

"게임 기획자가 없어도 게임 개발에는 문제가 없는 것 같은데……."

이런 생각은 게임 기획자로서 하지 말아야 할 생각이겠지만, 게임 기획자 직군 자체가 게임 개발이 세분화되며 전문적으로 생겨난 직군이다 보니 처음부터 게임 기획자로 통해 회사에 입사하게 되면 이런 생각을 꼭 한 번 이상 하게 되는 것 같다. 또한 다른 기획자들도 동일한 고민을 하고 있다는 것을 깨닫는 데에는 오랜 시간이 걸리지 않는다.

그래서 기획자들은 자기 개발에 더 민감하게 반응하며 개발하게 되었다. 연령이나 외부적인 요인으로 인해 게임 기획자로서의 수명이 달라진다기 보다는,

자기 자신의 기획 능력이 뒤처짐에 따라 개발에서 필요하지 않은 인력이 될 가능성이 높다는 것을 알게 되었기 때문이다. 물론 이는 게임 기획자뿐만 아니라 모든 게임 개발자에게 동일하게 적용되는 문제다. 나는 게임 기획자이니, 기획자 입장에서만 이야기해 보려 한다.

게임 기획자로 하는 일은 새로운 게임을 개발할 때마다 개발 초기에는 기존에 갖고 있던 지식을 기반으로 진행하는데, 개발 진척에 따라 금세 새로운 것을 숙지해야 하는 시기가 찾아온다. 참 희한한 것은 똑같은 개발을 하더라도 다른 고민을 가지게 된다는 것이다. 물론 이런 것 때문에 게임 기획을 일로써 즐겁게 할 수 있다. 새로운 게임이나 새로운 회사의 환경에서 새로운 지식과 작업 기술의 습득을 필요로 하게 되고, 다시 활용함으로 또 다른 새로운 경험을 학습하게 된다. 이런 과정을 반복적으로 겪으면서 신기하게도(?) 게임 기획자의 성향에 따라 본인만의 지식 습득 방향을 잡아간다. 이는 여러 가지 지식을 지속적으로 얻고자 하거나 깊이 있는 경험을 좀 더 중시하는 등의 성향을 말한다. 이처럼 다양한 방향에 대해 어떤 것이 옳은 방향, 옳은 자기 개발이라고는 말하기 어려울 것 같다. 결국 본인이 원하는 형태의 기획자 모습을 그려 보고 그 목표를 이루기 위한 실행으로 생각하는 것이 좋다. 내가 원하는 방향의 기획자로서 성공한 모습을 상상해 본다면, 그보다 더 즐거운 상상은 없을 것이다. 지금은 단지 상상으로만 그칠 수 있지만 뭐 어떤가! 상상을 하면 현실이 될 수도 있지 않겠는가. 물론 앞서 말했던 것처럼 방향이나 미래의 이미지에 대해 본인이 그린 만큼 자기 개발이 잘 수반되어야 할 것이다.

매일 아침 출근 시간에 수많은 사람들을 거쳐 최종역인 판교역에 내리면, 끝없이 세워져 있는 높디높은 빌딩들을 마주한다. 다행히 예전 성냥개비 같은 아파트의 모습은 아니다. 요즘에는 똑같은 모양의 건물이 옆에 세워져 있는 것을 의식한 듯 건물마다 서로의 개성을 외관에 표현하기에 바쁘다. 그런 다양한 건물 안에 수많은 게임 회사들이 있다. 근래에는 국내 소규모 게임 회사의 개수가 줄어들고 있는 추세지만 업계의 규모는 오히려 더 커지고 있다. 짧은 시간 동안 급변하는 시장에 맞춰 잦은 변화를 겪은 업계이기도 하고 항상 사라지는 회사만큼이나 새로운 회사가 등장하기도 한다. 같이 일하던 동료가 새로운 회사로 옮기기로 한 뒤에 명함을 받아 보았는데, 생전 처음 보는 회사 이름이 적혀 있었던 적도 있었다. 나중에 알고 보니 그곳은 유럽 시장에만 게임을 서비스 하는 국내 회사였고 게임 취향도 유럽에 맞춰져 있다 보니 접할 기회가 상대적으로 적은 업체였다. 그 외에도 게임 시장의 형태에 따라 대기업만 살아남거나 반대로 중소기업이 더 많아 지는 상황이 발생하기도 하는 등 지금까지 게임 산업은 많은 변화를 거쳐 왔다. 현재 게임 기획자로 일하고 있는 사람들도 시장 변화에 따라 자기 개발의 방향이나 회사를 선택하고 있다.

국내 게임 개발자들이 해외로 넘어가는 사례도 더러 볼 수 있다. 물론 아직 내 주변에는 없지만, (해외 취업은 아니지만 이민을 간 경우는 있다.) 해외라는 또 다른 환경은 분명 더 큰 가치를 기대하게 만든다. 아직은 해외로 이동하는 것을 깊게 고민해 보지 않았지만 언제 어느 때 기회가 찾아올지 모른다는 생각을 하면서 조금씩 준비하고 있다. 이처럼 게임 개발자의 경우 변화에 따라 자신이 원하는 방향으로 선택할 수 있는 폭이 넓다는 장점이 있다. 물론 반대로 선택권이 없는 경우에는 더 힘들어질 수 있기도 하다.

AR이나 VR과 같은 새로운 기술과 게임이 접목되면서 또 다른 콘텐츠가 쏟아지고 있다. 하지만 언제 그것들이 사라지고 또 다른 새로운 것이 그 자리를 차지하게 될지는 아무도 모른다. 그만큼 게임 업계는 하루하루가 다이나믹하다.

더불어 게임 업계와 IT 업계는 밀접하게 관계를 맺고 있다 보니, 그쪽 시장에 대한 관심도 지속적으로 가져야 한다. 나는 최근 들어 구글에서 발표한 AI 세션이 가장 흥미로웠다. 임의로 설정해 놓은 상황이 아닌 실제로 AI가 호텔에 전화를 걸어 객실을 예약하는 것과 식당에 전화해 음식을 주문하고 있는 것을 보고 있자니 누가 로봇이고 사람인지 혼란스러웠다. 이처럼 언제나 새로운 것들로 가득 찬 시장에서 언제 새로운 사업이 생겨날지 아무도 모른다. 더불어 그런 새로운 것들은 항상 새로운 기획을 필요로 한다. 게임 기획이라는 포인트가 다른 산업과 연결되는 접점이 많아질수록 게임 기획자로 노력하는 것들이 쌓여 다시 새로운 산업에 접목시킬 수 있다는 점에서도 매력적인 직업이다. 우리나라에서 처음 게임 개발했을 때의 환경과 비교해 본다면, 지금은 몇 십 배 더 좋은 환경을 제공할 수 있는 산업이 되었고, 앞으로는 더 발전된 형태를 기대해 볼 수 있을 것이다.

Q & A

우리나라에는 게임 회사가 많은 편인가요?

생각보다 많은 편이다. '생각보다'라는 단어를 사용한 것은, 게임 회사를 떠올렸을 때 생각보다 떠오르는 회사가 그리 많지 않기 때문이다. 물론 예전부터 게임 업계에 대한 관심도가 높아 게임 회사를 찾아보았다면 이미 알고 있었으리라 생각한다. 그만큼 생각보다 혹은 그 이상 우리나라에서 게임을 개발하고 있는 회사가 많이 있다. 쉽게 말해 게임 개발자가 되기에는 충분한 수의 회사가 있다고 생각할 수 있다. 물론 회사의 수가 많다는 것이 취업이 쉽다거나 일자리가 많다는 것을 의미하지는 않는다. 회사 하나의 규모가 다른 산업의 회사에 비해 작은 경우도 많고, 대규모의 회사의 수도 많은 편에 속하지는 않기 때문이다.

그럼 규모에 따라 회사에서 일하는 사람들의 수는 어떠할까? 게임 회사는 새로 생겨나거나 없어지는 일이 빈번하고 상황에 따라 한 순간에 대규모 회사에서 중소규모로 줄어들거나 반대로 급격하게 늘어나는 일들이 발생한다. 이렇다보니 객관적인 지표를 뽑는다고 하더라도 큰 의미가 없는 것이 대부분이다. 그래도 지금까지 다녀왔던 그리고 실제로 변화를 옆에서 지켜보았던 과정을 토대로 인원을 설명해 보고자 한다. 이 내용에서는 소, 중, 대 정도로 회사의 규모를 구분하고 해당 규모에 따라 인원이 몇 명 정도인지만 대략적으로 참고하면 좋을 것 같다.

대규모 회사의 경우 인원의 차이가 크지 않은 반면에 소규모 회사의 경우에는 회사에 따라 인원의 편차가 굉장히 크다. 10명 이하로 구성되어 운영하고 있는 게임 회사도 꽤 많은 수가 존재한다. 이런 규모의 회사에서는 적은 인원으로 효율적인 각자의 개발 과정을 찾고 게임을 개발하여 출시하고 있다. 보통 작은 규모의 회사는 30~50명 정도 인원이 개발에 참여하고 있다. 모든 인원이 개발 인원인 경우도 있고 사업 및 홍보 등의 개발 외 인원이 포함되어 있는 회사도 심심치 않게 볼 수 있다. 이 정도의 소규모 회사는 하나의 게임을 개발하는 경우가 많고 이미 게임을 출시한 경우에는 5~10명 정도를 분리하여 새로운 게임을 출시하기 위한 프로토타입(ProtoType)을 준비하곤 한다.

여기서 한 단계 올라가, 중간 규모의 회사는 100명 전후의 혹은 이상의 인원이 개발에 참여하고 있는 규모다. 따라서 2개 혹은 3개의 게임 개발 팀이 회사에 소속되어 있다. 소규모의 회사보다 오히려 중규모의 회사가 인원의 변동이 비교적 큰 편이다. 그에 따라 때로는 50명까지 인원이 줄어들기도 하고 혹은 게임이 좋은 성과를 얻어 200~300명 까지 증가하는 경우도 있다.

그럼 대규모 회사는 어느 정도 인원으로 생각해 볼 수 있을까. 보통 1,000명 이상의 인원이 회사에 소속되어 있다고 한다면 대규모라고 생각해 볼 수 있다. 그것보다 조금 더 많은 2,000명 혹은 3,000명 이상의 인원으로 구성되어 있는 회사라면 게임 업계에서는 대기업으로 생각해도 된다(물론 공식적인 대기업으로는 분류되지 않을 수도 있다). 대기업은 게임 개발 팀을 회사가 추구하는 방향에 따라 작은 규모로 굉장히 많은 수의 팀을 만들거나 반대로 몇 백 명의 인원을 묶어 소수의 프로젝트에 참여하도록 하는 등 다양한 방식으로 프로젝트를 진행한다.

우리나라는 최근에 작은 소규모의 회사와 대규모의 회사가 대부분의 비중을 차지하고 있다. 불과 몇 년 전만해도 중간 규모의 회사들이 많이 포진되어 있었지만 모바일 게임의 대세가 되어 시장이 변화하면서 소규모의 신생 회사들이 많이 생겨나기도 했고, 규모가 거대한 회사들이 여러 중소회사들을 흡수하기도 하면서 수시로 변화하고 있는 국면이다. 규모에 따라 좋고 나쁨을 판단할 수는 없다. 항상 고정적인 것도 아닌데다 회사와 시장의 변화에 따라 수시로 변화되기 때문이다.

많은 수의 게임 회사가 위치해 있는 판교 전경

Q & A

우리나라에서는
어떤 게임을 주로 만드나요?

우리나라의 게임 개발의 경우 트렌드에 민감하게 반응한다. 트렌드에 따라 새로운 개발 팀이 지속적으로 만들어지거나 신생 개발 업체들도 생겨나는 편이다. 게임의 트렌드가 지속적으로 변화하고, 그 변화하는 주기 또한 길지 않아 매년 개발이 시도되고 출시되는 게임들의 트렌드가 계속 변화되고 있다.

큰 주기로 변화가 생기는 요소 중 하나가 바로 게임을 어떤 기기(Device)를 통해 가장 많이 플레이하는지다. 최근 몇 년간은 모바일 게임이 대세를 이루고 있다. 이전에는 PC 를 통해 게임을 플레이하는 사람들이 대부분이었던 시장에서 몇 년 사이에 모바일로 대부분 옮겨가는 상황이 벌어진 것이다. 스마트폰의 발전과 함께 게임 시장도 큰 변화를 맞이하게 되었고 그에 따라 모바일 게임을 개발하는 팀들이 많이 생겨나고 현재도 생겨나는 중이다.

그럼 어떤 모바일 게임을 만드는지에 대해서도 알아 볼 필요가 있겠다. 물론 이 또한 하루하루가 다르게 변화되고 있다. 스마트폰 게임 초기에는 간단한 원 클릭 게임으로 시작했다. 하지만 지금은 미들코어로 분류되는 MMORPG까지 등장하는 등 변화를 겪고 있다. PC 온라인 게임을 개발하는 회사가 없어진 것은 아니지만, 그만큼 모바일 시장이 커졌기 때문에 새롭게 게임을 개발하는 팀에 합류하고자 한다면 90% 이상 모바일 게임이라고 생각해도 과언이 아닐 정도다. 그만큼 모바일 게임을 개발하는 회사들이 많이 분포되어 있는 상태다. PC 온라인 게임의 경우에는 기존에 출시되었던 게임의 후속작을 개발하는 경우이거나 이미 시장에 출시되어 있는 게임을 개발하는 팀 정도만 남아 있는 상태라고 생각하면 된다.

또 다른 이슈로는 흔히 콘솔(Console) 게임이라고 불리는 가정용 게임기 게임 개발이 국내에서 이뤄지고 있는지에 대한 것이다. 이에 대해 결론부터 이야기 하자면 조금씩 이지만 콘솔 게임을 개발하고 있는 회사도 있다. 게임 업계에서 일을 하고 있는 개발자들 중에도 콘솔 게임을 개발하고자 원하는 인원이 적지 않게 있고, 실제로 개발을 진행하고 있는 회사도 주변 사람들을 통해 찾아 볼 수 있다. 다만 그 수가 적고 우리나라에서 가정용 게임기로 출시할 수 있는 게임의 형태가 아직은 다양하지 못해 이전에 개발하고 있는 게임의 형태를 취하고 있는 게임이 대부분이다. 이에 대해서는 지금까지 개발해 보던 노하우를 콘솔 게임에 접목하여 출시할 수 있는 게임을 찾아다닌 것을 그 이유로 생각하면 좋을 것 같다. 콘솔 게임을 개발하는 팀의 비중이 점차 높아질수록 해외의 개발 회사와 견줄 수 있는 그럴 듯한 콘솔 게임을 충분히 개발할 수 있게 될 테지만 우리나라의 시장 환경이나 노하우를 적극 활용하고 지속적으로 쌓아가기 위해서는 빠른 시간 안에는 어려울 것으로 예측하고 있다.

우리나라에서 게임이 개발되던 초기 시절에는 게임을 할 수 있는 환경을 소비자에게 맞추지 않고 회사가 적극적으로 이끌어 내며 선도했지만, 지금의 상황은 그때와 달리 완전히 뒤집어졌다. 사람들이 가장 많이 접하고 사용하는 디바이스나 혹은 플랫폼(Platform)을 우선적으로 찾고 그 공간에 맞는 게임을 개발하고 있는 실정이기 때문이다. 하지만 반대로 생각하면 게임을 조금 더 많은 사람들이 즐길 수 있게 되었다는 점은 분명하다. 이는 게임을 개발하는 사람들에게는 긍정적인 신호다. 개발하고 싶은 게임을 개발하는 것도 물론 중요하고 더 좋은 결과물을 만들어 내는 것에 동력으로 삼을 수 있지만 그만큼 많은 사람들이 플레이하는 게임을 만드는 것 또한 항상 중요하게 생각해야 한다. 게임은 누군가에게 재미를 전달해 주는 매체로서 충실할 필요가 있다.

Q&A

게임 기획자는
돈을 많이 버나요?

돈이 많이 버냐는 질문에 쉽게 대답하긴 어렵다. 우선 게임 업계 내에서 게임 기획자에 대한 연봉을 알아보자. 직군마다 많은 차이가 있는 것은 아니지만 게임 기획자 직군이 갖는 연봉의 특이점을 보자면 두 가지를 뽑아 볼 수 있다.

첫 번째로, 다른 직군에 비해 시작 연봉은 낮은 편에 속한다는 점이다. 물론 회사마다 차이가 있겠지만 경험상으로 게임 업계에 처음 발을 디딘 시점의 연봉은 다른 직군과 비교해 보았을 때에 첫 연봉(초봉)이 평균적으로 낮은 편에 속했다. 이는 게임 기획자로 취업을 할 수 있는 장벽이 다른 직군에 비해 비교적 낮은 것이 이유 중 하나가 아닐까 생각한다. 다른 직군은 필수적으로 눈에 보이는 기술을 통해 평가받는 반면에 기획의 경우에는 눈으로 비교하기 어려운 실력을 판단해야 하는 직군이기에 때로는 손해를 감수해야 하는 상황이 생기기도 하기 때문이다.

두 번째로는 첫 번째와 반대되는 이야기다. 바로 게임 기획자별로 연봉 수준의 차이가 크다는 점이다. 연봉이 지속적으로 매년 크게 상승하는 사람이 있는 반면 그렇지 못한 게임 기획자도 많이 존재한다. 개발하고 있는 업무 능력이나 결과물에 따라 평가되기 때문에 연봉의 차이가 크게 나타날 수 있다. 시간이 점점 흘러 경력이 늘어날수록 차이는 점점 크게 벌어질 것이다. 다른 직군은 이와 같은 현상이 발생되지 않는 것은 아니지만 게임 기획자에서 더 두드러지게 나타나는 현상인 것 같다.

이제 다른 산업과 비교로 넘어가 보자. 우리는 뉴스에서 가끔씩 세대별 그리고 근로자에 따른 연봉을 확인할 수 있다. 뉴스에서 보이는 수치로만 비교해 보았을 때는 게임 업계 연봉은 그렇게 높진 않다. 비단 게임 기획자뿐만 아니라 다른 직군도 모두 포함해서 생각해도 그렇다. 그러니 게임 업계 중에서 대기업이라고 하더라도 생각만큼 돈을 많이 받을 것을 기대하는 것은 어렵다. 적당한 수준의 연봉 정도로 기대하는 것이 좋다. 하지만 과거와 비교했을 때, 지금은 엄청난 상승폭을 보이고 있기에 미래 게임 업계는 지금보다 더 나은 수준의 연봉을 받을 수 있으리라 기대한다.

돈을 많이 버는 것은 분명 중요한 것 중 하나지만, 직업으로서 내가 즐겁게 잘 할 수 있는 일인지를 판단하는 것이 그보다 더 중요하다. 더불어 그 외에도 게임 회사는 일반 회

사에 비해 복장이나 회사 문화가 다양하고 자유롭기 때문에 금전적인 부분 외에도 숨

겨진 장점이 많다. 특히나 게임 개발하는 것이 꿈인 사람들에게는 자신이 흥미를 느끼

고 또 잘할 수 있는 것을 직업을 삼고 있다는 것에 더욱 큰 의미가 있을 것이다.

게임 회사로
나들이 가기

볼일을 마치고 집에 오면 거실에서 드라마를 시청하시는 부모님과 마주하게 되는 경우가 간혹 있다. 평소에는 드라마에 관심이 없지만 어느 날 드라마 화면에 시선을 빼앗긴 적이 있다. 드라마가 촬영된 세트장이 여타 다른 드라마들과는 다른 분위기를 풍기고 있었기 때문이다. 스타트랙 함선에서나 나올 법한 원형 테이블에 드라마 배우들이 둘러 앉아 사뭇 진지한 표정으로 이야기를 하고 있는 모습이었다. 나는 그 모습을 보며 '이제 우리나라도 SF 드라마의 시대인가'라며 속으로 생각했고, 그런 생각이 든 순간 아버지께서 나를 불러 한 마디를 건네셨다.

"너희 회사도 저러니?"

순간 무슨 말인가 했었지만 다시 드라마 화면을 보고 구석에 있는 제목을 보니 그 물음이 이해가 갔다. 놀랍게도 그 드라마는 게임 회사를 배경으로 한 드라마였기 때문이었다. 방금 보았던 스타트랙 우주선 같은 모습의 배경은 게임 회사의 회의실이었다. 아마도 드라마 제작진이 생각한 게임 회사의 모습은 흡사 우주선과 같은 모습이 아니었을까? 나는 그 자리에 정지된 채 서서 드라마에 시선을 빼앗겼다. 드라마 속 배우들은 서로의 얼굴을 보며, 게임 개발과 전혀 관련 없는 이복동생에 대한 화제에 대해 굉장히 진중한 얼굴로 대화를 이어가고 있었다. '의사가 의학 드라마를 보면 이런 느낌일까?' 문득 이전에 봤었던 드라마 장면들이 머릿속을 스쳐 지나갔다. 드라마 속의 게임 회사 모습은 내가 매일 출근하는 회사의 모습과 사뭇 달랐기 때문이다.

고등학교 재학 중이었던 한 때, 집 근처에 게임 회사가 생겼다는 소식을 들었다. 친구들과 집 주변을 돌아다니며 수다를 떨거나 놀기 위한 장소를 찾기 위해 주변을 어슬렁거리는 일이 많았던 터라 주변의 변화를 금방 알아채곤 했었다. 처음 게임 회사를 마주했을 때, 게임 회사 로고가 그려져 있는 간판만 봐도 마냥 신기하고 들떴던 것 같다. 게임을 만드는 사람들이 일하는 곳이 마냥 신기했던 그 때, 근처를 기웃거리며 보았던 게임 회사는 사실 놀랍도록 평범했고 유리창에 비춰지는 모습도 일반 회사와 다른 점을 찾아보기 힘들었다. 하지만 그렇게 평범했던 사무실도 그 당시 내 눈에는 드라마에서 보았던 세트장처럼 비춰졌다. 뭔가 이유 없이 멋있어 보이고 직원들 목에 걸려있던 사원증은 우주 정거장으로 들어갈 수 있는 출입증과 다를 바 없어 보였다.

게임 회사를 서성거렸던 학생이었던 나는 고등학교 졸업 후 바로 게임 회사에 취업했다. 아쉽게도 처음 입사했던 게임 회사는 그 시절 나를 두근거리게 했던 드라마 같은 회사는 아니었다. 그렇지만 누구나 그렇듯 처음 입사한 회사는 실제 모습이 어떠하든 새롭고 흥미로운 곳이 된다. 새로운 게임 회사에 입사하게 되었을 때 경험하는 두근거리는 느낌은 매 번 경험하는 일이다. 마치 여행을 떠나기 위해 공항에 가게 된 느낌과 같달까? 그렇기에 지금 돌이켜 보면 지극히 평범했던 첫 회사도 나에게는 무엇보다도 특별한 모습으로 기억하고 있다.

그중에서도 첫 회사, 그리고 첫 입사일은 잊히지 않는 경험이다. 인사과 직원의 친절한 목소리로 시작되는 회사 소개, 구조, 비전 등 안내가 끝나면 앞으로 게임 개발을 시작하게 될 영광스러운 자리와 팀원을 만날 수 있다. 내가 처음 경험한 게임 개발의 풍경은 숨소리조차 조심해야 할 것 같은 조용하고 차분한 도서관과 같은 분위기였다. 각자 자리에서 업무를 마무리하기 위해 분주한 모습이었고 오직 키보드 소리만 사무실을 울렸다.

보통 사람들이 생각하는 게임 회사가 어떤 이미지일지는 정확히 모르겠지만 내가 경험한 게임 회사는 일반적인 사무실과 비슷하다고 말해야 할 것 같다. 다행히 게임 회사에서는 커피를 타거나 복사를 하는 일은 하지 않아도 된다. 입사한 지 10년이 지났기 때문에 요즘 게임 회사에 입사한 신입사원들이 느끼는 문화가 어떨지 모르겠지만 그래도 비슷한 경험이지 않을까 생각한다. 근래에 들어서는 업무 분위기가 회사마다 각기 다르고, 더불어 각각 특색있는 문화들이 자리 잡아 가면서 이전과는 사뭇 달라진 부분도 많아진 것 같다.

다른 업계에 비하면 게임 업계는 이직률이 높은 편이다. 그러다 보니 이직을 준비하는 사람을 흔히 찾아볼 수 있고 다른 회사에 다니는 사람들과 만나게 되면 서로의 회사에 대해 자주 물어보게 된다. 보통 같은 업계 사람들이 궁금해하는 것은 그 게임 회사의 개발 분위기다. 물론 나도 그렇다. 나는 운 좋게 서로 다른 규모의 다양한 개발 팀을 경험했었고 회사는 두 번 이직 했다.

첫 입사만큼 기억에 남는 첫 이직은 중견 회사에서 소규모의 작은 회사로 간 것이다. 출퇴근 거리는 이전보다 3배 이상 늘어났다. 지금과 다르게 게임 회사들은 서로 다른 장소에 터를 잡고 있었고, 이직을 하면 비슷한 동네에서 이동해 다닐 수 있을 확률은 그다지 높지 않았다. 하지만 지금은 다행히(?) 80% 이상의 국내 게임 회사들이 비슷한 장소에 밀집되어 있다. 그렇다보니 근래에 들어 다른 회사에 놀러갈 경우가 생겼는데 한 번은 지인의 소개로 소규모 회사에 방문한 적이 있다. 지인이 회사 인테리어를 새롭게 했으니 놀러오라는 얘기를 했기 때문이다. 그곳은 커다란 빌딩의 한 층을 전부 쓰고 있었던 회사였고 새롭게 바꾼 인테리어는 게임 회사라고는 생각할 수 없을 만큼 화려한 조명과 고급스러운 휴게실이 마련된 모습이었다. 의자도 인테리어에 맞춰 배치되는 모습이 호텔을 연상케 했다. 그곳은 외부인의 출입 또한 직원들에게 자유롭게 열어두고 있었는데, 보통은 보안 이슈로 허가하지 않는 분위기와는 사뭇 다른 곳이었다. 이처럼 개발하는 게임 만큼이나 일하는 장소에 대한 관심도 높은 편이기 때문에 이직을 결정하는 요소 중 일하는 장소(환경)의 비중도 꽤 높은 편이다.

새로운 팀(이나 조직)에 합류하게 되면 마치 시베리아에 간 것 마냥 차가운 팀 분위기를 견뎌야 할 때가 많다. 가끔은 팀원끼리 서로 관심이 없는 것 같다고 느낄 때도 있다. 이직을 하지 않더라도 같은 회사 내 팀 이동이 적지 않기 때문에 회사에서는 직원에게 새로운 팀에 잘 적응하는 것을 요구하기도 한다. 신입 시절에는 합류하기 전부터 지레 겁먹고 마음의 준비를 하거나 불안한 마음에 가능한 지인이 한 사람이라도 있는 팀을 선호했었다. 게임 회사는 단체 활동을 강요하는 것이 크지 않고 개개인의 생활과 생각을 존중하는 문화가 자리 잡고 있는 경우가 많아 사전에 적응에 대한 고민을 크게 할 필요는 없다고 생각한다. 물론 잘 적응하지 못하는 경우 금세 퇴사를 결정하는 경우도 있다.

Q&A

이직을 많이
하는 편인가요?

이직에 대한 이미지는 마냥 긍정적인 것은 아닌 것 같다. 그도 그럴 것이 인기 있는 공무원이나 대기업에서 근무하는 사람들은 이직을 본인과는 굉장히 먼 이야기로 이야기하는 것을 종종 들어 왔기 때문이다. 평생직장에 대한 혹은 평생직장이 아니더라도 직업의 안정성에 대한 바람은 누구에게나 있을 것 같다. 이것이 꿈의 직장인지와 연결되는 경우도 많은 것 같다. 하지만 이런 기준으로 생각하면 게임 업계는 꿈의 직장과는 거리가 멀다. 게임 업계는 이직이 굉장히 많은 편에 속하기 때문이다.

직군마다 평균 이직률에 차이가 있겠지만 대부분 이직이 잦기 때문에 이직에 대해 그다지 거부감을 느끼지 않는다. 그렇다면 게임 기획자는 어떨까? 이직률이 가장 높은 직군은 보통 게임 그래픽 직군으로 꼽힌다. 이직률에 대한 조사를 통해 보통 2~3년에 한 번 이직을 한다는 것을 확인할 수 있었다. 실제로 몇 년 정도 근무 했는지 근속 연수를 주변인들에게 물어보면 비슷한 결과값을 얻을 수 있다. 그에 반해 게임 기획자는 그래픽 디자이너 직군보다 평균 근속이 1~2년 정도 더 높다.

그렇다면 게임 업계는 왜 이렇게 유독 이직이 많을까? 게임 업계에 들어오게 되면 여러 상황을 마주하게 되며 이직을 결심하거나 해야 하는 상황에 직면하게 된다. 그에 큰 기여를 하는 두 가지를 뽑자면 개발하는 게임이 출시되거나 프로젝트가 엎어지게 되는 상황이다. 새로운 게임을 개발하여 시장에 출시하면 성향에 따라 서비스를 지속해서 지원하는 사람도 있고 또 다른 새로운 게임을 개발하기 위해 이동하는 사람들이 생긴다.

먼저 계속 게임을 지원하는 경우를 살펴보자. 게임이 시장에 선보여지고 사람들이 플레이하는 첫 과정에서 예상치 못한 많은 이슈가 생기기 마련인데, 이 과정에서 발생하는 문제점을 보완하고 개발하는 과정에서는 느끼지 못했던 유저들의 즉각적인 피드백(Feedback)을 경험할 수 있는 환경이 마련된다. 이와 같이 새로운 것을 게임에 적용하고 잘못된 것을 수정해 가며 더욱 완성된 형태로 유저들과 만들어가는 것은 굉장히 소중한 경험이다. 더불어 반대로는 부정적인 피드백을 받게 된다면 지금까지 경험하지 못했던 수많은 비난을 경험할 수 있기도 한 일이다. 이처럼 게임이 서비스 되는 과정에서의 경험을 중요하게 생각하는 개발자들은 게임 출시 이후에도 이직하지 않고 머물러 있는 편이다. 성공적인 성과를 지속적으로 보여주지 못했을 때는 안타깝게 서비스를 종료하게 되는 경우도 있다. 이 경우 이직을 해야 하는 상황에 마주하기도 한다.

그와는 다른 이직 케이스로 새로운 것을 찾아다니는 개발자들을 살펴보자. 이들은 항상 새로운 것에 도전을 하고자 하거나 너무 오랫동안 한 게임을 개발하는 것을 선호하지 않는 경우에 해당한다. 이들은 비슷한 기간을 주기로 이직을 결심하게 된다.

우리나라의 게임들은 대부분 개발이 완료된 이후에도 지속적인 업데이트를 필요로 하는 온라인 게임이 시장의 대부분을 구성하고 있기 때문에 항상 각자의 성향에 따라 선택을 해야 한다.

이직은 타의에 의한 상황에 따라 어쩔 수 없이 하게 되는 경우도 많이 발생되고 그와는 별개로 자의에 의해 이직을 하는 경우도 있다. 어떤 판단이 옳다고 이야기 할 수는 없다. 이직에 대해서 개인적으로 이야기를 가장 많이 하고 추천하는 것 중에 하나는 처음 입사를 하게 되는 회사는 가급적 오랜 시간 근속하는 것이다. 오랜 시간의 기준은 조금 씩 차이가 있겠지만 최소 2~3년 정도로 생각하면 된다. 사실 그 이상도 좋다. 게임 업계를 파악할 수 있는 시간이나 개발의 과정을 길게 보는 시간을 거치는 것이 이후 이직을 결정하는 데 도움이 될 것이다. 그렇기 때문에 애초에 어떤 게임을 개발하는 회사에 입사를 할 것인지 신중하게 생각하고 고민하여 결정하기를 바란다.

Q&A

회사 규모에 따라
업무 환경이 크게 차이가 나나요?

내가 처음 입사한 회사는 중간 규모의 회사였다. 그때는 회사의 모든 것이 신기했는데 지금 와서 생각해 보니 회사라는 곳을 처음 경험했기 때문인 것 같다. 보통 게임 회사들은 회사 내 공간에 신경을 많이 쓰는 편이다. 그렇다보니 큰 회사일수록 사용할 수 있는 공간이 다양하기 때문에 규모가 클수록 사용할 수 있는 공간이 다양하다고 생각하면 된다. 각 개인별 게임 개발하는 자리는 그렇게까지 큰 차이가 있진 않다. 하지만 최근에 몇몇 회사들의 경우 개별 업무 공간도 점점 신경 쓰고 있는 추세다. 하지만 그렇다고 다른 회사들이 즉각적으로 업무 공간을 개선하게 위해 개선책을 마련하는 것은 아니기 때문에 앞으로도 계속 비슷한 추세가 될 것이라 예상된다. 이 외에도 업무 공간의 천장 높이에 대해서도 이야기해 볼 수 있다. 천장의 높이에 따라 창의력 지수에 영향을 준다는 연구 결과가 있기에 어떤 회사에는 직원들의 창의력을 높이기 위해 천장 높이에도 신경을 쓴다고 한다.

회사에 규모에 따라 어떤 환경의 차이가 있는지를 살펴보자면 우선 식당의 유무를 볼 수 있다. 사내 식당은 근무 환경의 만족도에 큰 영향을 미치는 부분이다. 사내에 식당이 있다면 메뉴 고민을 크게 하지 않아도 되고 비교적 저렴하고 빠르게 식사할 수 있다는 장점이 있다. 그렇기에 식당의 밥이 맛이 있고 없고는 다음 문제다. 그 다음으로 많이 입에 오르내리는 것이 바로 카페다. 회사 내부에 카페가 조성되어 있어서 직원들이 음료나 식품을 구매할 수 있다면 식당만큼이나 만족도를 높여 줄 수 있다.

이 이외로 몇 개를 열거해 보자면 '내부 인테리어', '헬스장', '쉴 수 있는 공간', '회의실', '도서실' 등이 그것이다. 이런 요소들을 중요하게 생각한다면, 회사의 규모에 따라 업무 환경에서 큰 차이를 느낄 수 있다고 얘기할 수 있겠다.

물론 업무 환경이 좋은 회사에서만 좋은 게임의 개발되는 것은 아니다. 내가 원하는 게임을 좋은 회사에서 개발하려 한다면 가장 좋은 상황이겠지만 그렇지 않다고 한다면 역시 업무 환경보다는 내가 입사했을 때 어떤 게임을 개발할 수 있는지를 체크해 보는 것이 직장 생활 만족도를 높이는 데에 보다 중요한 영역이 될 것이다.

게임에 대한
애정 자가진단 : '질문과제'

게임 기획자를 직업으로서 선택하고자 고민한다면 나 자신에게 먼저 질문을 던져 보자.

'나는 게임을 좋아하기 때문에 게임을 개발하는 걸까?'

맞는 말이다. 나는 게임을 좋아하기 때문에 게임을 개발하는 것이기도 하다. 하지만 왠지 이렇게 물어보면 쉽사리 대답하기가 힘들다. 그렇다면 질문을 조금 바꿔 생각해 보면 어떨까? "평소에 게임 하는 걸 좋아하시나요?"와 같은 식으로 말이다. 평소에 게임을 즐기는 사람이라면 이 질문에는 쉽게 대답할 수 있을 것이다. 그렇다면 질문을 조금 바꿔 "게임을 좋아하세요?"라 물으면 어떨까? 이런 질문들을 스스로에게 해 보면 직업을 선택하는 기준을 어느 정도 세울 수 있는 것 같다. 누군가가 직업에 대해 고민을 상담하면 나는 항상 똑같이 대답한다. '내가 이 직업을 왜 처음 떠올리게 되었는지', '내가 이 직업을 선택하는 것이 맞는 것일지'와 같은 질문을 던지며 답을 찾아가 보는 건 어떻겠냐고 말이다. 나 스스로도 지금 하는 일에 대해 흥미나 재미를 느끼지 못하게 되는 것 같다고 느낄 때마다 동일한 질문을 스스로 던져 본다. 질문에 대해 솔직히 대답해 보며 나 스스로 게임에 대해 어떻게 생각하고 있었는지 점검하는 시간을 갖는다. 질문이 구체적이지 않다면 아래와 같이 더 본격적으로 질문을 던지는 것도 좋을 것 같다.

"게임을 얼마나 좋아하세요?"

이런 질문은 어떨까? 대답을 하기 전 가장 먼저 생각한 것은 무엇인가? 게임 기획자를 직업으로 고려하고 있다면, 나는 필히 스스로 게임을 얼마나 좋아하는 지 점검해 보아야 한다고 생각한다. 물론 '좋아한다'는 기준은 사람마다 다르겠지만 말이다. 어쨌든 이 질문은 어느 정도 답이 정해져 있는 질문인 것 같다. 이런 질문에도 답하지 못한다면 게임 기획자로서 직업적 목표를 세우고 달성하기는 너무나 힘든 여정이 될 것이라 말하고 싶다. 게임을 하기 위해 무엇도 해 보았고, 특정 게임을 어떤 포인트에서 좋아하고, 게임을 즐길 때 가장 중요하게 여기는 요소는 어떠한 것인지까지 답해 보는 것이 좋다. 게임에 대한 애정을 표현할 수 있는 다양한 대답들이 많이 있다. 이러한 질문을 생각해 보면 지금까지 내가 해 왔던 게임들이나 그와 관련된 것들에 대한 구체적인 것들을 생각하는데 도움을 받을 수 있다. 그 다음 질문은 아래와 같다.

"게임이 가장 매력적으로 다가왔던 순간은 언제인가요?"

이 질문은 미래에 게임 기획자가 되었을 때에도 본인 스스로 계속해서 던지게 되는 질문일 것이라 감히 예상해 본다. 게임을 좋아하고 이미 즐기고 있다면 그렇게 된 이유가 분명히 있다. 물론 단순하게 이끌렸다는 것도 그 이유가 될 수 있다. 이 질문은 그 이유에 대해 생각해 보는 시간을 갖게 하며 생각을 정리하게 만든다. 단순히 게임을 즐기는 입장에서는 이렇게까지 질문해 보는 과정이 불필요하다. 하지만 게임을 제작하기 위해 미래를 설계하고 있다면 스스로 게임을 왜 좋아하는지 근본적으로 확인해 볼 필요가 있다. 예를 들면 게임을 하며 즐겁고 행복했던 시간이 있기 때문이라던가, 어떠한 요소에 매력을 느껴 특정 게임을 즐겁게 했다던가 등의 다양한 이유가 있을 수 있다. 그 다양한 이유 중에서 특정 게임을 플레이한 것이 계기가 되어 그와 같은 게임을 개발하고 싶다는 꿈을 가지고 게임 개발자라는 직업을 가지게 되는 경우가 많을 수 있다. 그러면 마지막 단계의 질문으로 넘어가 보자.

"게임에서 어떤 점을 가장 중요하게 보나요?"

일로써 게임을 하고 있지 않은 이상 내가 중요하게 생각하는 조건이 충족된 게임을 선택하는 것은 너무나 당연한 일이다. 이 질문은 게임을 한 경험보다는 게임을 하기 전 어떤 것들을 중요하게 생각하는지를 점검해 볼 수 있는 질문이다. 내가 어떤 점들을 게임에서 중요하게 생각하는지, 필요하다고 생각하는지를 점검해 볼 수 있을 것이다.

물론 이에 대해 아무런 생각이 없을 수도 있다. 막연하게 재밌어 보이는 게임을 한 것일 수도 있다. 단순히 캐릭터가 멋있어 보였을 수도 있고, 게임 자체보다는 누군가와 같이 시간을 보내기 위한 것이었을 수도 있다. 내가 알고 있던 한 친구도 친한 친구를 따라 게임 관련 학과에 진학했다. 그 친구는 이후 게임에 관심을 가지게 되어 인생의 전부를 게임을 위해서 살고 있다. 오히려 게임 학과에 가게 된 이유였던 친한 친구는 타 전공을 복수 전공 해서 게임과는 동떨어진 일을 하고 있다고 한다.

이처럼 꼭 질문에 대해 명확하고 구체적인 답변을 해야만 게임 개발자가 될 수 있는 것은 아니다. 그렇지만 마지막 질문은 좀 더 미래에 내가 하고 싶은 구체적인 결과물을 생각해 볼 수 있다는 점에서 좋은 질문이 될 것이다. 게임을 개발하게 된다면 어떤 것을 이루고 싶은지, 어떤 사람들을 위해 게임을 개발 하고 싶은지 등에 대해 생각해 볼 수 있다는 점에서 더욱 그렇다. 이런 구체적인 미래를 그려 놓을수록 차후 일을 하게 되었을 때 슬럼프가 오더라도 명확한 목표의식을 가지고 크게 동요하지 않을 수 있는 마음의 태도를 가질 수 있다.

여기까지 '질문 과제'라는 거창한 표현까지 하며 직업을 선택하기까지의 질의응답을 해 보았다. 이것이 본인에게 얼마나 도움이 될지는 모르겠다. 물론 어떤 직업이든 내가 노력하고 시도하면 이런 질문을 던지지 않더라도 꿈을 이룰 수 있을지도 모른다. 하지만 관심 있는 분야에서 앞으로 일하게 되었을 때를 생각하면 좀 더 길게 생각하는 태도가 필요하다. 단순히 게임 개발자가 되는 것을 넘어서 그 이후의 일을 생각해 보는 것이 어떨까. 앞서 잠깐 이야기했지만 뚜렷한 목표 의식이 없다면 꿈꾸던 일이더라도 일을 하며 지칠 수 있고 슬럼프에 빠질 수도 있다. 직업 만족도를 높이기 위해서는 구체적으로 나의 목표를 정해 놓는 태도가 중요하다. 그렇기에 단순히 '나는 게임을 좋아하니까 게임 개발자가 되어야지'라는 생각으로만 직업을 선택하지 않았으면 좋겠다.

　모든 직업이 그렇겠지만 꿈꾸던 그 모습 그대로인 직업은 없다. 실망스럽고 힘든 부분도 생각보다 많을 것이고 내가 전혀 생각하지 못했던 모습을 경험할 수도 있다. 그렇기에 내가 이 직업을 왜 선택해야 하는지에 대해 점검하는 것은 가장 중요한 시간이라 할 수 있겠다. 나는 이 글을 통해 조금이나마 게임 기획자가 '게임을 하는 사람'과는 다르다는 것을 전하고 싶었다. 더하여 내가 무엇을 하고 싶은지 보다 확실하게 확인하고 그를 반복적으로 생각하는 과정을 통해 정리되지 않은 부분을 확실히 정리해 보는 시간을 갖기를 바란다. 방법은 무엇이 되어도 좋다. 글로 적어도 좋고 그림을 그려도 좋다. 혹은 생각을 정리할 수 있는 영상물을 찾아보는 방법도 있다. 영상물은 게임 개발자들의 인터뷰 혹은 개발 비하인드 등의 영상을 추천한다.

Q&A

게임 기획자는
되기 어려울까요?

개인적인 판단으로 게임 기획자가 되는 일이 쉬운지 어려운지를 이야기하는 것은 불가능하다. 난이도로서 설명하는 것이 불가능한 것이라 생각할 수도 있고, 보통 다른 직업에서 쉽고 어렵고를 판단하기 위해 사용하는 경쟁률이라는 수치가 게임 업계에서는 크게 의미 있게 사용되지 않기 때문이다.

누군가가 "9급 공무원이 되는 것은 어려운가요?"라고 물어본다면 공무원은 아니지만 쉽게 대답해 줄 수 있다. 합격률이나 경쟁률이라는 객관적인 지표가 매체를 통해 흔히 노출되어 있는 직업이기에 쉽고 어렵고를 확실하게 알려줄 수 있기 때문이다. 이는 공통적으로 같은 시간에 치르는 시험을 통해 경쟁률이 산출되기 때문에 정확하다. 그에 반해 게임 업계에서 특정 기업에 취업하는 경쟁률에 대해 수치가 나온다고 하더라도 '그 회사는 인기가 많네'라고 생각하지 취업이 힘들다고 생각하지는 않는다. 그만큼 게임 회사에 지원하는 사람들에게 요구하는 역량이 각자 매우 다르고 시험이나 과제를 통해 입사를 결정한다고 하더라도 공통적으로 평가할 수 있는 기준이 만들어지기는 쉽지 않기 때문이다. 물론 좋은 기업만의 노하우를 통해 인재를 채용하는 시험을 만들 수는 있지만 그것이 게임 업계 전반으로 사용되는 것은 어려워 보인다. 다만 각 개발 직군에게 필요로 하는 기술이나 능력이 어느 정도는 정해져 있다 보니 취업 과정에서 내가 합격할 수 있는지 여부 정도는 예상해 볼 수 있다.

더불어 게임 기획자가 되는 것은 난이도적으로는 어떠한지 설명하기엔 어렵지만 다른 직군과 비교해서는 설명할 수 있다. 간단히 말하자면 게임 기획자는 다른 직군에 비해 접근 난이도가 쉬운 편에 속한다. 물론 이것이 게임 기획자가 되기 쉽다는 의미는 아니다. 게임 기획자는 확실한 기술을 필요로 하는 경우가 상대적으로 적기 때문에 사전에 필수로 준비해야 하는 요구 조건이 많지 않다. 3D 캐릭터 그래픽 디자이너의 경우를 보면 캐릭터를 만들기 위한 툴의 사용법을 기본적으로 숙지하고 있어야 하고, 툴을 통해 캐릭터를 만드는 능력을 필요로 한다. 이런 경우엔 확실하게 어떤 기술/능력이 필요한지를 모든 회사가 동일하게 정할 수 있다. 그에 반해 게임 기획자에게 요구하는 능력은 팀과 회사마다 각양각색으로 다르다. 이런 이유로 취업의 문턱이 조금은 낮은 것이 사실이지만 반대로 생각하면 회사 입장에서 기획자는 가장 채용하기 어려운 직군이기도 하다. 한마디로 좋은 기획자를 구별하는 방법이 어렵기 때문이다. 이 질문은 사람마다 누군가는 쉽다고 얘기를 해 줄 수도 있고 다른 누군가는 한없이 어렵다고 얘기할 수도 있다. 결국 질문에 대한 확실한 답을 얻지 못해 답답한 마음이 해결되지 않겠지만, 게임을 좋아한다면 몇 번이고 시도해 보았으면 한다.

게임 업계는 수능에서 높은 점수를 얻고, 토익 점수 만점에 도전하고, 국가 고시등의 결과물로 입사하는 곳이 아니다. 원한다면 지금부터라도 도전하여 게임 기획자가 되길 바란다. 더불어 단순한 직업으로서 기획자가 된다는 것을 중요하게 여기지 말고, 게임 기획자가 된 이후에 어떤 노력들을 하고 어떤 게임을 개발하면서 좋은 기획자로 계속 게임 개발을 할 것인지를 더 중요한 관점으로 생각해 주면 좋겠다. 게임 기획자는 되는 것보다 어떻게 일하느냐에 관해 더 많은 노력을 필요로 한다.

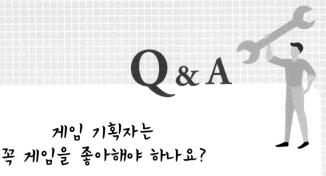

Q & A

게임 기획자는
꼭 게임을 좋아해야 하나요?

이건 "그렇다"라고 분명하게 답을 해주고 싶다. 매년 점점 게임 산업이 커지면서 다양한 사람들이 게임 업계에 참여하게 됐다. 그에 따라 게임에 크게 관심이 없던 사람들을 게임 업계에서 만나게 되는 경우가 심심치 않게 생겼다. 이는 산업이 비대해지면서 자연스레 발생되는 현상으로, 앞으로도 게임 업계가 지금보다 발전되고 거대해지면 게임과 관련 없었던 다양한 분야의 사람들이 지금보다 훨씬 많이 게임 산업에 참여하게 될 것이다.

나는 게임 업계가 계속해서 발전되는 것을 바라는 사람 중 한 명이고, 국내 게임 산업에 대한 대중적인 이미지도 점차 개선되길 기대한다. 그렇지만 게임 개발에 참여하는 다양한 사람 중 게임 기획자는 조금 다른 관점에서 볼 필요가 있다. 먼저 게임 기획자가 어떤 일을 하는 직업인지에 대해 잠시만 다시 생각해 보자. 게임 기획자는 게임의 재미에 대해 연구하고 그것을 새로운 결과물로 만들기 위해 고민하는 사람들이다. 개발하고 있는 게임을 어떻게 하면 지금보다 재밌게 만들 수 있을지 고민하고 개발이 진행됨에 따라 예상한 대로의 재미를 결과물에서 얻었는지 확실하게 파악할 수 있어야하는 사람이기도 하다. 결과적으로 게임 기획자는 '게임의 재미'라는 것을 알아야 한다. 영화를 제작할 때 장르에 따라 관객에게 제공해야 하는 재미의 기준치가 있는 것처럼 게임도 마찬가지다. 어떤 게임이 되었든 시장에서 기대하고 있는 최소한의 재미를 만족시켜주고 나아가 그 이상을 것을 제공하기 위해 노력해야 한다. 그러기 위해서는 게임에서 왜 재미를 느끼는지를 궁극적으로 알고 있어야 한다고 생각한다.

게임을 좋아하지 않고 게임의 재미를 알기란 굉장히 어렵다. 그렇기에 게임을 좋아하는 것은 게임 기획자가 되기 위한 필수 조건이라 생각한다. 예를 들어 요리를 별로 좋아하지 않는 사람이 다른 사람이 맛있게 먹을 수 있는 음식을 만들기 위해 고민을 하는 상황은 상상하기 어렵지 않은가. 단순히 일로써 게임을 하며 분석을 하거나 평가를 반복해서 하다 보면 게임으로의 재미를 온전히 느끼기가 어렵다. 그만큼 게임을 좋아하지 않고 관심이 없는 상태에서 게임을 시작한다면 얻을 수 있는 정보나 지식의 효율이 매우 낮아질 수밖에 없다.

평소에 다양한 게임에 관심이 많았거나 혹은 한 게임이라도 진득하게 즐긴 경험이 있다면 이것이 기획자에게는 배경 지식으로 업무에 많은 도움을 줄 수 있다. 이런 이유로 게임을 평소에 좋아하지 않거나 자주하지 않는 사람이 게임 기획자가 되고 싶다고 나에게 얘기한다면 무조건적으로 반대하고 싶다. 만약 그럼에도 게임 기획자가 되었다면 게임 기획자로서 일이 즐겁지 않을 것이다. 그 뿐만 아니라 단순히 돈을 벌기 위해 다른 사람들과 협업을 해야 하는 게임 개발 과정의 어려움을 견디기에는 이익이 크지 않다. 게임 기획자와 게임에 대한 이야기는 앞으로 계속해서 할 것이지만 항상 게임에 대해 내가 어떤 생각을 갖고 있는지 반복적으로 생각해 보고 기억하면서 책을 읽어 주기를 바란다.

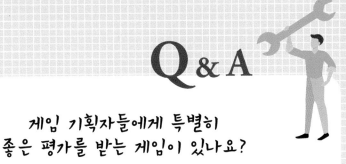

Q & A

게임 기획자들에게 특별히
좋은 평가를 받는 게임이 있나요?

게임 기획자는 게임 개발 역량 향상을 목적으로 여러 게임을 접한다. 하지만 그중 특별히 게임 기획자이기 때문에 무조건 좋아할 만한 게임이라던지 게임 기획자라면 무조건 해야 하는 게임은 존재하지 않는다. 시장에서 좋은 평가를 받는 게임은 게임 기획자들에게도 동일하게 좋은 평가를 받는 편이다. 게임 기획자도 일반 플레이어들과 동일하게 재미있게 즐길 수 있는 게임의 플레이를 즐기기 때문이다.

모두에게 유명한 게임 외에도 어느 하나의 특징을 살펴보기 위해 기획자가 특별히 플레이 해봐야 하는 필수 게임이 있다고 생각할 수도 있겠다. 하지만 그런 게임이 있다기보다는 게임 기획자들은 각기 다른 게임 취향을 가지고 각자 즐길 수 있는 게임을 선택해서 자유롭게 하는 편이다.

대부분의 게임 기획자는 게임 시장에 항상 귀를 세우고 관심을 갖는다. 회사에서도 여유시간에 게임을 하는 경우가 많은데 주로 팀원들과는 같이 즐길 수 있는 게임을 선택한다. 그러다 보니 게임을 통한 공통의 경험이 생겨나고 서로 각자의 시선에서 이야기를 하며 즐길 수 있다.

동일한 게임을 같이 즐겁게 했다고 그 사람들의 성향이 비슷하다고 판단하긴 어렵다. 하지만 게임을 개발하는 환경에 있다 보니 개발하는 게임에 따라 성향이 비슷한 사람끼리 모여 있는 경우는 쉽게 볼 수 있다. 퍼즐게임을 개발하는 팀이 있다고 가정해 보자. 그 팀의 게임 기획자들은 공통적으로 퍼즐게임을 즐겨하는 경향이 있을 수 있다. 이는 퍼즐게임이라는 공통 과제를 가지고 모여 있는 집단이기 때문이다. 더불어 이러한 팀의 경우, 새로운 팀원을 채용할 때에도 '퍼즐게임을 오랫동안 즐겨 오신 분' 등의 문구를 우대 사항으로 걸어 놓곤 한다. 이처럼 게임 기획자들이 어떤 게임에 주로 관심을 갖는지 조사해 보면 게임을 좋아하는 주변 지인들에게 물어봤을 때의 결과와 크게 다르지 않다.

"게임 기획자는 어떤 게임에 관심을 갖는 것이 좋을까요?"라는 질문은 어떨까? 현재와 미래를 나누어 답을 찾아보자. 우선 내가 미래에 최종적으로 개발하고 싶은 게임이 있는지, 있다면 어떤 종류의 게임인지를 생각해 보고 그것과 유사한 장르나 규칙을 갖고 있는 게임들의 기원부터 찾아서 해 보는 것이 좋다. 성공한 게임이라면 성공한 이유를 찾아 기록하고 실패한 게임이라면 나름의 실패의 이유를 찾아보는 것이 좋다. 이는 원하는 형태의 게임을 만들 수 있도록 실수를 줄이는 등의 도움을 주는 자양분으로 삼을 수 있다. 미래를 대비한 것이 오랜 시간 동안 지속해서 유지해야 하는 플레이라면, 당장 지금 현재를 위한 게임 플레이는 개발하고 있는 게임이 될 수도 있고, 내가 개발하고 싶은 팀의 게임과 유사한 게임을 찾아 플레이하는 것이다. 본인이 관심을 갖고 좋아하는 취향의 게임은 의식하지 않아도 쉽게 접하여 플레이할 수 있지만, 그 외의 게임들은 생각 외로 접할 기회가 많지 않다. 이 경우 게임을 플레이한다는 것이 굉장히 어려운 일이라는 것을 깨닫게 되는 시간이 될 것이다.

요즘은 게임과 관련된 많은 매체들이 존재하다 보니, 직접 플레이하지 않아도 특정 게임에 대한 정보를 영상이나 방송 등을 통해 세세하게 접할 수 있는 기회가 많아졌다. 이런 매체들을 통해 게임을 간접적으로 플레이해 보는 것도 경험의 일환이 될 수 있지만 그래도 직접 해 보는 것이 가장 큰 도움이 된다. 물론 더욱 많이 게임들이 선보여 질 것이기 때문에 출시되는 모든 게임을 다 해 볼 수는 없다. 그렇기에 유튜브 등의 영상 매체를 통해 다른 사람이 플레이하는 것을 보거나 때로는 글을 통해 게임 내용을 확인하는 경우도 있다.

그렇기 때문에 내가 갖고 있는 여유 시간에 어떤 게임을 선택해야 하는지가 요즘 들어 굉장히 중요해졌다. 속독할 수 있는 책과 달리 게임은 빨리 플레이하는 것만이 능사가 아니다. 플레이한 만큼 경험으로 쌓이기 때문이다. 똑같은 게임을 하더라도 시간을 많이 쓰면서 무료로 했는지 빠르게 게임을 파악하기 위해 많은 돈을 사용했는지에 따라 경험이 양분화 된다. 게임 실력에 따라서도 같은 시간 동안 플레이했더라도 그 경험이 천차만별로 달라진다. 경험을 노트에 적어 놓았다가 처음 하듯 다시 여러 가지 경험을 혼자서 해 볼 수 있다면 좋을지 모르겠지만 불가능하니 게임을 플레이할 때 무엇을 위해서, 무엇을 얻기 위해, 어떻게 플레이 할 것인지 사전에 결정하여 시작하는 것을 추천한다. 때로는 아무생각 없이 그냥 시작하는 것이 계획이 될 수도 있다. 게임을 플레이한 다음에는 시험이 끝난 뒤에 친구들과 답을 서로 공유하듯이 나와 같은 게임을 플레이한 사람을 찾아 서로가 경험한 게임에 대해 공유하는 것도 많은 도움을 준다.

2

게임 기획자 준비하기

장래 희망은
게임 기획자입니다

초등학교 시절 왁자지껄했던 교실에서는 쉬는 시간마다 책상 하나를 두고 둘러앉아 그 위에 놓인 한 장의 종이를 바라보고 열띤 토론을 벌이곤 했다. 흰색이었던 종이는 시간이 지날수록 검은색 글씨와 그림들로 빼곡하게 채워졌다. 종이 위에는 연필로 여러 번 지웠다가 다시 쓰인 숫자의 흔적이 가득했다. 이처럼 당시에 나는 운동장에서 하던 놀이 외에도 교실 안에서 즐길 수 있는 종이 위 게임을 만들어 친구들과 많은 시간을 보냈다.

그 시절에는 비디오 게임 문화가 여러 매체를 통해 아이들에게 퍼지기 시작했다. 나 역시 비디오 게임에 관심을 빼앗겼지만 당시로서는 비디오 게임을 접할 수 있는 장소가 한정적이었다. PC방조차 없던 시절이었고, 오락실은 쉽게 드나들 수 없는 분위기였다. 물론 게임을 직접 구매하는 방법도 있었지만 초등학생이 구입하기에는 만만치 않은 가격이다 보니 용돈만으로는 충당하기 어렵기도 했다.

그나마 다행이었던 것은 당시는 비디오 게임 잡지가 많이 출간되었던 시절이어서 매일매일 동네 서점에 들러 게임 잡지책을 몇 번이나 반복해서 볼 수 있었다는 점이다. 그리고 용돈을 모아 게임을 사는 대신 잡지책을 사기도 했다. 하나의 게임보다는 구매한 잡지책으로 여러 게임을 보며 대리 만족을 느꼈던 것 같기도 하다. 그 외에도 잡지책을 구입하면 사은품으로 출시한 지 오래된 PC게임을 주는 경우도 더러 있었는데 신작 게임은 가격이 부담되어 용돈으로 자주 구매할 수 없었던 나에게는 신작 게임과 다름없는 재미를 선사했던 가뭄의 단비와 같았다.

이처럼 여러 방법으로 혼자서는 게임을 즐길 수 있는 통로를 찾을 수 있었지만 그에 반해 친구들과 게임의 즐거운 경험을 공유하기는 쉽지 않았다. 친구들 중에는 비디오 게임을 접해 보지 못했던 친구들도 꽤 많았다. 당시에는 구하기 어려운 값비싼 비디오 게임 대신 게임 기능이 포함되어 있는 문구류를 쉽게 접할 수 있었는데, 그중 대표적인 것이 필통이었다. 철 재질로 만들어진 필통은 축구, 야구 등의 스포츠 게임을 할 수 있는 기능이 포함되어 있었고 이는 플라스틱이나 자석 등을 이용하여 만들어졌다. 친구 중 누군가 한 명만 이를 가지고 있다면 다같이 쉽게 즐길 수 있었기에 인기가 많았다. 그나마 필통이 있었기에 학교에서 친구들과 스포츠 게임을 즐기며 게임에 대한 흥미를 공유할 수 있었다. 이 흥미는 점차 내가 알고 있는 비디오 게임의 즐거움을 어떻게 공유할 수 있을지에 대한 고민과 욕심으로 변화했다.

그래서 나는 평소 가지고 다니던 노트 위에 친구들과 함께 즐거움을 나눌 수 있는 게임을 만들어 보고자 작은 것부터 연필로 써 보기 시작했다. 이는 필통으로 즐기던 스포츠 게임을 넘어 다양한 장르의 게임을 같이 공유하고자 했던 고민이었다. (지금 따져보면 일종의 보드게임 혹은 TRPG의 일종이겠지만, 당시에 내가 그런 것을 알 수 있을 리는 없고 누군가 옆에서 알려줄 수 있는 사람도 없었다.) 나는 간단한 주사위 게임부터 시작해 조금씩 복잡한 형태로 게임을 만들어 갔다.

게임 잡지에서 보았던 게임의 규칙을 따라 종이 위로 옮겨 올 수 있을지 고민해서 만들어 보며 만들어 보고 시행착오를 거치며 검증해 갔다. 시행착오의 과정은 단순했다. 집에서 내가 생각한 규칙을 게임으로 제작해 보고 학교에 등교해 쉬는 시간마다 친구들을 불러 같이 즐기며 재밌게 하는지 지켜보는 일이었다. 이를 반복하며 이 과정은 더 재밌는 게임을 만드는 고민의 답을 찾아갈 수 있는 과정이 되었다. 다행히 당시엔 이런 일에 관심이 있었던 것이 나 외에는 없었기 때문에 친구들을 어렵지 않게 모을 수 있었다. 지금처럼 접할 수 있는 게임이 이렇게나 많고 스마트폰 보급으로 인해 어디서나 게임을 즐길 수 있는 상황이 아니었기 때문에 가능한 일이 아니었을까 생각한다. 물론 나도 그런 환경이 아니었다면 게임을 만드는 일에 관심이 생기지 않았을지도 모른다. 호기심을 빼앗아 갈 수 있는 많은 콘텐츠들이 즐비해 있는 이런 상황에서 다른 생각을 할 수 있었을까 하는 생각이 든다.

그렇게 만들어진 종이 게임은 점점 그럴싸한 모습으로 거듭났다. 주사위를 던져 한 칸씩 움직이는 것이 다였던 단순한 지도는 던전(Dungeon)의 모습을 연상할 수 있는 복잡한 구성이 되었고, 나는 매일매일 새로운 던전을 친구들에게 제공했다. 게임은 매 수업 시간 사이에 우리에게 주어졌던 놀이 시간이었던 10분 동안 4~5명의 친구들이 한 번씩 돌아가며 자신의 캐릭터를 움직이고 선택하는 방법이었다. 점심시간에는 더 많은 기회가 각자에게 돌아갔다. 자신의 차례가 오면 주사위를 굴리고 나온 숫자만큼 그려진 던전에서 자유롭게 이동하고 도착지에서 몬스터가 나오는지 아이템이 나오는지 등의 결과를 내가 친구들에게 알려 주는 방식이었다. 그리고 결과에 따라 어떤 행동을 할지 선택해 캐릭터를 성장시키는 형태의 게임으로 진행했다. 당시 유행했던 포켓몬스터나 기타 RPG게임들의 배경 이야기를 바탕으로 게임을 만들었고 학교가 끝나면 어김없이 집에 가서 그 날 했던 게임의 흔적을 정리하고 깨끗한 종이에 새로운 게임을 옮겨 적는 것이 방과 후 나의 일과였다.

게임 업계에서 일한 이후 습관적으로 하는 이야기가 있다. 바로 게임 기획자를 하기에 정말 좋은 시대에 태어났다는 것이다. 그 당시는 비디오 게임이 전파되고 있었다고 하더라도 게임에 대한 관심을 가지고 정보를 얻기에는 어려운 시기였다. 그렇기에 작은 노력이라도 해야 게임에 대한 정보를 얻을 수 있었다. 그런 노력이라도 하다 보니 게임에 대해 더 알게 되었고 관심이 많아졌다.

최근 초등학교 수업 과정으로 프로그래밍을 배우는 일명 코딩 수업이 필수 과목으로 선정 되었다는 소식을 들었다. 내가 만약 이런 상황에서 코딩을 배우며 그에 흥미를 가지고 다양한 게임을 심도 있게 만들어 보며 게임 기획자에 대한 꿈을 꿀 수 있었을까 묻는다면 그에 대해서는 쉽사리 긍정적인 답변을 할 수 없을 것 같다. 물론 지금보다야 컴퓨터 언어를 잘 다룰 수 있는 학생으로 학교 생활을 했겠지만 그것이 게임 기획자라는 장래 희망으로는 연결되기 어려웠을 것 같다. 나는 오히려 정보나 전문적인 기술을 습득하기 어려운 상황이었기에 나 나름의 방식대로 노력해 가며 게임에 대해 알아갔고 그에 따라 게임 개발에 대해 흥미를 느낄 수 있었기 때문이다.

고등학교 3학년 2학기 쯤 대학 진학을 앞두고 나서야 미래 직업에 대한 고민을 진지하게 해 보게 되었다. 부모님과 대화가 평소에 잦았던 터라 진로에 대한 이야기도 자주 나눴다. 그 이야기를 통해 내가 평소에 관심을 많이 가졌던 것들에 대해 다시금 상기할 수 있도록 많은 도움을 받을 수 있었다. 학생이라는 이유로 흘러가는 대로 살아보니 내가 무엇을 좋아했었는지, 무엇에 시간을 가장 많이 보냈는지 나보다는 부모님이 더 잘 알고 계셨다.

더불어 고등학교 생활 기록부 3년 내내 장래 희망은 모두 '게임 기획자'였다. 게임 기획자라는 직업이 있는지조차 정확하게 알지 못했음에도, 막연하게 좋아하는 게임을 직업으로 삼을 수 있는 방법에 대해 생각하다 그렇게 정했던 것 같다. 나는 분명하게 적어 놓은 장래 희망을 보며 더욱 확실하게 내 진로를 결정할 수 있었다. 게임 기획자에 대해서는 처음부터 잘 알진 못했기에 어떤 직업인지를 알아보는 것이 우선 중요했고, 게임 기획자라는 직업이 내가 상상했던 이미지와 같다는 것을 알고 난 후에는 본격적으로 게임 기획자가 되기 위한 준비를 하게 되었다.

게임 기획자의 어떤 점이 내게 매력적이었던 것일까? 이는 과거로 다시 돌아가 생각해 봐야 할 것 같다. 노트 위에서 게임을 만들었던 이유는 단순히 나 혼자만 재미있기 위함이 아니었다. 내가 만든 결과물을 통해 다른 친구들이 재미를 느끼는 모습에 굉장한 만족감을 느꼈기 때문이다. 이런 점에서 게임 기획자는 요리사라는 직업과 비슷한 관점에서 바라볼 수 있다. 요리사는 맛있는 요리를 만들면 본인이 먹는 것보다 누군가가 맛있게 먹는 것에 더 큰 행복을 느낄 것이다. 이를 게임에 적용해 보면 게임 기획자는 나에게 요리사와 같은 직업이라 할 수 있다. 다른 누군가에게 내가 생각하는 즐거움을 게임이라는 매체를 통해 전달하는 직업이기 때문이다. 이 얼마나 매력적인 직업인가!

물론 누군가에게는 군이 게임이 아니더라도 이와 같은 즐거움을 전달해 줄 수 있다면 다른 직업도 관계없을 것 같다. 하지만 나 스스로 질문을 던져 본 결과, 다른 무언가 보다 게임을 통해 그러한 즐거움을 공유하고 전달해 주고 싶다는 결론을 얻게 됐다. 그렇다면 왜 게임이어야 했을까? 누군가에게 즐거움을 전달할 때에는 일방적인 전달 방법이 많은 것이 보통이다. 그에 반해 게임은 일방적이지 않다는 것이 내게는 매력적이었다. 게임은 즐기는 사람과 제작한 사람 간의 의사소통이 필요하고, 소통을 통해 더 큰 즐거움을 만들어 낸다. 게임을 좋아하는 것과 더불어 소통이라는 요소가 나에게 중요한 이유가 이러한 점에 있다.

게임 기획자로 진로를 결정하고 난 후에도 걱정이 완전히 사라지지는 않았다. 게임은 이미 많은 사람들로부터 관심과 사랑을 받고 있었고, 나 역시 적당히 게임에 관심을 갖고 좋아하는 한 명이 아닐까? 하는 의심과 함께 게임을 직업으로 정할 만큼 좋아하고 있을까는 생각이 머릿속에서 반복되었다. 나는 이런 생각이 들 때마다 '게임을 즐기는 것'과 '내가 만든 게임을 누군가 즐기는 것을 보는 것'사이 어떤 것에 내가 더 매력을 느끼는지, 어떤 것이 내게 더 큰 행복으로 더 큰 가치로 다가오는지에 대해 끊임없이 묻고 답했다. 이와 같은 생각의 과정을 통해 진로 결정에 대한 확신을 갖고자 하였고 동시에 게임 기획자가 되기 위한 방법들을 찾아보고 준비했다.

그 처음이 대학 진학에 대한 고민이었다. 나는 당장 대학에 진학하는 것이 옳은 선택인지, 대학에 진학하게 되면 어느 학과에 가는 것이 맞는지, 더불어 공부 이전에 게임 기획자라는 직업이 정말 나에게 맞는 직업인지를 어떻게 확인할 수 있을지에 대한 고민으로 가득했다. 진로를 결정하고 준비하는 과정에서 내가 그 직업을 갖게 되었을 때 나에게 맞지 않을 수 있다는 가능성은 항상 염두해 두어야 했고, 이를 확인할 수 있는 방법 또한 필요했다. 이 문제는 직접 그 일을 해 보기 전에는 확실한 답을 얻기 불가능하기에 두려움에 맞서고자 우선 직업을 체험해 보는 선택지를 골랐다. 그에 따라 게임 기획자가 될 수 있는 가장 빠른 길을 찾는 것이 우선 과제가 됐다. 만약 대학교에 진학하게 된다면 최소한 4년의 시간 그리고 중간에 군대라는 이슈가 생기게 되는 걸 고려해야 했고, 나는 진학을 하지 않고도 내가 선택할 수 있는 길이 있는지 찾기 시작했다. 그렇게 2년간 게임 개발자, 특별히 게임 기획자에 대해 알려 주는 국가 기관을 찾게 되어 기획자로서 첫 준비를 시작할 수 있었다. 게임 기획자가 되어야겠다고 결정한 이후 관련 정보를 찾아 시작하기까지는 오랜 시간이 걸리진 않았지만, 한편으로는 게임 기획자를 진로로 결정하기 이전에 그를 위해 준비해 놓은 것이 아무것도 없었던 것도 고려해야 했다. 나는 그저 내가 관심 있었던 것들을 즐기고 기억하는 정도였을 뿐이었다. 과거의 내 선택에 충분히 만족하고 있지만 지금에서 다시 돌아보면 이러한 선택은 내가 선택할 수 있는 유일한 선택지는 아니었던 것 같다.

게임 업계에서 게임 기획자로 일하는 사람들과 이야기를 하다 보면 게임과 전혀 관련 없는 공부를 해 오던 사람이나 다른 직업을 거쳐 기획자가 된 경우를 드물지 않게 볼 수 있다. 그렇게 기획자가 된 사람들을 옆에서 지켜보니 게임과 전혀 관련이 없어 보이는 과거의 경험들이 신기할 정도로 도움이 되는 경우가 종종 있었다. 〈Art of Game Design〉이라는 책에서 게임 기획자에게 필요로 하는 지식에 대해 언급한 부분이 있다. 산업 디자인, 건축학, 생물학, 대중 연설 등이 그것이다. 학문명만 들어서는 게임과 연관 짓기 어려울 것 같고 관련 학과의 사람 대부분도 게임과는 무관한 직업을 얻겠지만, 이는 게임 기획자가 되었을 때 다양하게 활용할 수 있는 배경 지식이 된다. 게임의 콘셉트를 만들 때 혹은 새로운 해결책으로 활용할 수도 있다. 물론 게임 기획자에 조금 더 유리한 방법이나 공부는 분명히 있다. 하지만 유리하다는 이유로 그것만을 꼭 따라갈 필요도 없다. 만약 게임과 관련 없는 학과를 진학해야 하는 상황이거나 혹은 지금 게임과 관련 없는 공부를 하고 있더라도 조급할 필요는 없다. 가장 중요한 것은 하고 싶은 게임 개발에 대한 관심을 계속 유지하는 것이다.

• 게임 기획과 관련된 추천 도서

라프 코스터의 재미이론
길벗 출판사

The Art of Game Design
에이콘

게임 디자인 레벨업 가이드
한빛미디어

Q&A

컴퓨터 공학을 전공해야만
게임 기획자가 될 수 있나요?

게임을 개발하는 사람들은 대부분 그래픽 디자이너(아티스트)이거나 프로그래머인 사람들이 많다. 앞서 이야기 한 대로 게임 기획자(게임 디자이너)는 팀에서 가장 소수의 인원을 차지하고 있는 경우가 일반적이다. 물론 기획자가 많이 구성되어 있는 게임 개발 팀도 있지만 흔하지는 않다. 게임 기획자가 아닌 다른 직군들을 먼저 언급한 이유는 처음부터 기획자가 되기 위해서 준비를 하는 사람보다 기획과 관계없는 다른 공부를 하였거나 혹은 다른 직군의 일을 하다가 기획자로 전향을 하는 케이스가 적지 않기 때문이다. 그러다 보니 프로그래머나 그래픽 디자이너로 개발을 하다가 기획자가 되는 경우도 적지 않게 볼 수 있다. 그렇기에 기획자라는 직군이 다양한 전공을 갖고 있는 사람들로 구성되는 것은 아주 자연스럽다.

물론 대학교에 진학하면서 혹은 특성화 고등학교를 통해 이공계를 전공하게 되는 경우에는 프로그래머가 아니더라도 전공과 관련된 지식이 게임 기획에 도움을 주는 상황이 분명히 생긴다. 게임을 순차적으로 재미있게 만들어 주기 위한 밸런스를 작업하거나 기획서를 구현자의 입장에서 바라보고 작성함으로 인해 의사소통 비용을 줄이는 등의 작업에서 두각을 보일 수 있다. 그렇기에 컴퓨터를 전공했다면 내가 갖고 있는 지식을 기획자로서 십분 활용할 수 있는 부분이 생기게 되는 것이다.

이처럼 컴퓨터 공학을 전공했을 때 분명한 이점이 있는 것은 확실하다. 그럼 다른 관점에서 질문을 다시 해 보자. '컴퓨터 공학에 대해서는 전혀 관심을 갖지 않는 사람이어도 게임 기획자가 될 수 있는 것일까'에 대한 질문이다. 기획자로 일을 하다 보면 컴퓨터 공학에서 배울 수 있는 지식이 많은 부분에서 이점으로 활용된다. 예를 들면 게임의 규칙을 만들 때 알고리즘에 대한 이해도가 도움이 되는 경우가 많은데 알고리즘은 컴퓨터 공학의 기본이 되는 이론 중 하나로 우리가 사는 세상은 이미 수없이 많은 알고리즘으로 둘러싸여 있다. 물론 그중에서도 주로 중요하게 사용하는 알고리즘은 정해져 있다. 이렇게 먼저 이야기를 풀어 가면 '기획자는 여러 알고리즘에 대해 궁금증을 갖고 이해하고 있다면 도움이 되겠구나'라고 생각할 수 있겠다. 하지만 여기서 약간 애매한 상황이 발생된다.

알고리즘을 주로 활용하는 프로그래머들은 알고리즘에 대한 확실한 지식을 갖고 있지 않은 경우 일을 진행하지 못하는 상황이 발생된다. 하지만 기획자는 다르다. 알고리즘을 이해하고 있지 않은 사람도 게임 기획을 진행할 수 있다. 하지만 중요한 것은 게임 기획자가 기획을 할 때에는 그 기획자의 생각할 수 있는 범위의 영역에 따라 결과물에서 매우 큰 차이를 보인다는 것이다. 이렇다 보니 같은 목표를 갖고 비슷한 결과물을 만든다고 하더라도 알고리즘의 이해 여부에 따라 업무에 걸리는 시간이나 결과물에서 차이가 발생된다. 기획 단계가 게임의 최종 결과물과 매우 동떨어져 있기 때문에 기획 결과물을 갖고 팀원들과 이야기를 하고 개발을 진행한다면 나비 효과처럼 작은 차이가 전혀 다른 게임의 양상으로 탄생되도록 하는 경우가 비일비재하다. 여기서 어느 기획이 맞고 틀리고를 따지기보다 그렇게 나온 결과물이 처음에 의도했던 기획과 얼마나 동일한가를 점검해 보았을 때 알고리즘에 의존된 기획 의도였다면 당연히 알고리즘에 이해도가 높았던 기획자의 결과물이 조금 더 의도했던 결과물에 가깝다는 것에 집중해 볼 필요가 있다.

곤충을 키우는 게임을 만든다고 가정해 보자. 곤충을 캐릭터화 하여 스킬을 기획해야 하는 상황이라 하면 이전과 같이 알고리즘에 대한 공학적 지식이 어느 정도로 포함될 수 있을까. 이전과 다르게 알고리즘에 대해 자세히 알지 못하는 사람이라도 곤충에 대한 기반 지식이 많은 기획자라면 충분히 좋은 결과물을 기대해 볼 수 있을 것이다.

이처럼 기획자에게 있어서 컴퓨터 공학이 차지하는 비중은 확실하게 답변하기 어려운 문제다. 그렇기에 필수라고도 이야기할 수 없다. 컴퓨터 공학이 미치는 영향에 대해서는 앞서 언급한 내용을 스스로 생각해 보고 적용해 보면 좋을 것 같다.

게임 기획자에게는 컴퓨터 공학보다는 현실적으로 숫자와 얼마나 친한지가 더 중요할 수 있다. 게임 개발을 하다 보면 기획자에게 숫자에 대해 어느 정도 이상의 관심을 요구하기 때문이다. 이 부분은 싫어도 할 수밖에 없고, 해야 하는 일이라고 생각하고 열심히 해야 한다. 그렇게 생각해야 나중에 업계에서 일할 때도 보다 편하게 일할 수 있다.

Q&A

어떤 전공이 기획자에게
가장 이점이 있나요?

대부분의 전공은 게임 기획을 하는데 있어서 도움이 된다. 전공 선택에 앞서 자신이 좋아하고 관심 있는 것이 무엇인지를 생각해 보는 것이 좋다. 게임은 우리 주변에 있는 모든 소재를 갖고 생각해 볼 수 있는 콘텐츠이기 때문에 개발자들은 항상 새로운 것에 관심을 기울이게 된다. 그러다 보니 처음에는 단순한 호기심에 생소한 소재를 기반으로 게임을 개발하게 될 때 해당 분야에 대해 공부를 하면서 개발을 해야 하는 상황이 종종 생기게 된다. 그렇기에 어떠한 분야에서 전문성을 가지고 있다는 것은 본인에게 도움이 된다. 게임 개발과 직접적으로 관련이 없는 분야에 지식을 갖고 있다는 것은 자신만의 무기를 갖고 있는 것이다. 운이 좋다면 활용할 수 있는 기회가 주어져서 능력을 한껏 뽐낼 수 있는 상황이 생길 수 있다. 그에 더하여 나만이 갖고 있는 무기를 사용할 수 있는 환경을 자체적으로 활용할 수 있는 여건도 충분히 만들어 볼 수 있다.

만약 '내가 어떤 것을 좋아하는지 잘 모르겠다'고 고민하고 있다면 우선은 좋아하는 것을 적극적으로 찾아보길 추천한다. 너무 옛날보다는 최근 3개월 동안 내가 가장 많은 시간을 보냈던 것이 무엇인지를 정리해 보는 것이 좋다. 무엇이든 좋다. 생산적인 활동이라고 생각하는 것 이외에도 모두 적어 보자. 사람들을 만나서 주도적으로 대화하는 것을 즐긴다거나, 집 정리를 남들보다 월등이 자주 했다거나, 똑같은 영화를 반복해서

3회 이상 관람한 적이 많다거나 하는 일상적인 일들도 관심의 요소로 생각해 볼 수 있다. 무엇이 되었든 내가 선택하고 공부를 하고 있는 학과가 있다면 집중해서 해 보기를 바란다. 게임 업계에 들어가게 되어 게임 개발을 시작하게 될 경우에는 개발과 관련된 새로운 지식들을 학습하는 것만으로도 시간이 부족하다. 새로운 게임들에 항상 관심을 갖고 플레이하는 시간만 해도 부족하기 때문이다. 그렇기에 만약 게임과는 관련이 없지만 자신이 이전부터 공부를 하고 싶었던 학문이 있다면 주저 없이 선택하는 것을 강력히 추천한다.

물론 100% 아무 전공을 선택하라는 이야기는 아니다. 게임 기획에 도움이 될 만한 생각의 지평을 열어 주거나 융합하여 도움이 될 수 있는 학문인 경우가 좋다. 너무 전문적인 직업 기술을 배우는 학문 등은 오히려 게임 기획이라는 직업을 선택하기에 어려움을 줄 수 있다. 그런 경우는 전공 보다는 취미 생활로 접근해서 대체하는 것이 더 좋다.

Q&A

학원을 다니며
준비하면 좋을까요?

게임 업계가 점점 커지면서 게임 개발자 양성하기 위한 기관 (학원 혹은 아카데미라고 불리우는) 등이 많이 생겨났다. 실제로도 많은 사람들이 게임 회사에 취업하기 위한 방법 중 하나로 선택하고 있다. 그렇다면 학원을 어떻게 바라 보면 좋을까. 단순하게 생각하면 게임 개발자가 되기 위한 방법 중 하나라고 판단하는 것이 가장 좋다. 게임 기획자가 되기 위한 여러 방법 중에 하나로 개인적인 경험을 포함하여 학원이 갖는 장점과 단점에 대해 적어 보려 한다.

학원이 갖는 장점으로 어떤 것들을 떠올려 볼 수 있을까. 첫 번째로 처음 시작할 때의 막연함을 없애주는 역할을 해 줄 수 있다. 학원이 갖는 이점 중에 가장 큰 비중을 차지하는 부분은 게임 개발자에 대한 아무런 정보가 없는 상태에서 가장 빠르고 쉽게 접근할 수 있도록 바로 도움을 받을 수 있다는 점이다. 기획자뿐만 아니라 다른 직군을 모두 포함하여 게임 개발자로서 나아가야 할 방향이 결정되어 있지 않은 상태라면 막연함을 해소하기에 적합한 방안으로 꼽을 수 있다. 인터넷에도 게임 개발자와 관련된 많은 정보들이 퍼져 있고, 어렵지 않게 찾아 볼 수 있지만 작성자의 주관적인 개발 환경에 의한 의견으로 작성되는 경우가 많아 서로 다른 사례들을 통한 정보는 선택에 혼란만 가중시킬 수 있다. 이런 부분에서도 학원은 나름의 정리된 정보를 토대로 정해진 학습 과정을 전달해 주는 기관이기 때문에 혼란이 생기는 것을 막아 준다. 물론 해당 내용은 단점으로도 꼽을 수 있기 때문에 단점에 대해 언급할 때 이어서 이야기하도록 하겠다.

두 번째로 생각해 볼 수 있는 장점은 학원이기 때문에 기술적인 학습에 특화되어 있다는 점이다. 우리가 일반적으로 진학하게 되는 교육 기관에서는 게임 개발과도 무관해 보일 수 있는 내용들도 학습 과정에 포함된다. 하지만 학원은 확실하게 게임 개발에서 사용되는 기술만으로 교육을 진행한다고 생각하면 된다. 컴퓨터 프로그래밍 언어나 그래픽 디자인 기술을 배우는 것 등이 이에 해당된다. 기획자가 되기 위해 학원에 지원했다고 하더라도 다른 직군의 기술들을 배우는 경우도 많다. 이는 기획의 능력과 연관성이 높지 않다고 생각될 수 있지만, 기획자로서 게임 개발자가 되기 위해서 다른 직군의 업무에 대한 이해도를 올리는 것은 개발자가 될 수 있도록 준비하는 또 하나의 과정이라고 생각하는 것이 좋다.

마지막 장점으로 뽑을 수 있는 것은 개발사와 취업 연결이다. 학원마다 매우 큰 차이를 보일 것으로 예상되지만, 보통 수업을 진행하는 사람들은 실제 게임 개발사에서 근무하고 있는 경우가 많다. 이런 경우는 학원에서 제공하는 학습 과정을 우수하게 수료한 학생들에게 취업을 제안하거나, 제안이 아니더라도 좋은 기회들을 소개받을 수 있는 연결 통로로서 역할을 한다. 그 외에도 이전에 먼저 취업한 수료자를 통해서도 취업 자리를 주선 받는 경우도 생각해 볼 수 있다.

이와 같이 어디서부터 시작해야 할지 막막하거나 취업에 해결책을 찾고 싶은 사람들은 학원에서 큰 도움을 받을 수 있다. 하지만 그와 함께 주의해야 할 점도 있다. 기획을 공부한다고 했을 때 어떤 것들을 배울 수 있을 것이라고 기대할까? 확실하게 무엇이라고 언급하기는 쉽지 않다. 이처럼 기획은 명확한 학문으로 정의되어 있지 않은 직군이다. 그에 따라 사람들마다 생각하는 기획자도 천차만별이고 하는 업무에서도 굉장히 큰 차이를 보이다 보니 정규화 된 학습 과정으로 구성하기에 어려움이 생긴다. 누구에게 기획자에 대한 이야기를 듣고 배우는지에 따라 전혀 다른 성향의 기획자가 될 수 있다 는 것도 단점이 될 수 있다. 그만큼 다양한 성향의 기획자가 존재하기 때문에 (지금은 알 수 없겠지만) 나의 기획자 성향이 학원에서 가르치고자 하는 기획자의 모습과 얼마만큼 잘 맞는지 여부는 매우 중요하다. 예를 들어 나는 슈팅 게임을 좋아하고 그를 기획하고 싶은데 학원에서는 RPG게임의 기획에 대해 알려 준다면 적합하지 않을 수 있다는 의 미다.

어떤 사람은 학원에서 가르치는 방식 자체가 맞지 않을 수도 있다. 학원을 꼭 다녀야 게 임 기획자가 될 수 있는 것은 아니다. 그럼 학원을 등록하기 전 어떤 정보를 통해 확인 할 수 있을까? 물론 학원이 나에게 맞는지를 미리 확인하는 것은 쉽지 않은 일이다. 그 나마 확인할 수 있는 방법은 학원의 교육 과정을 통해 어떤 것들을 내가 배울 수 있는 지 확인하는 방법인데, 이것 또한 정확도가 높다고 보기 어렵다. 교육 과정의 표시가 대 부분 포괄적으로 적혀 있는 경우가 많다보니 실제로 어떤 것을 가르치는지 확인하는 것이 어렵기 때문이다. 실제로 여러 학원을 옮겨 다니는 경우도 있고 때로는 학원 수강 이후에 자신과 직업의 성향이 맞지 않는다고 판단하여 중도 포기를 하는 경우도 생각 보다 꽤 많이 볼 수 있다.

하지만 이것은 단순히 학원의 문제라기보다 앞에 이야기 했다시피 기획이라는 작업이 학습 과정만을 통해서 배우기엔 어려움이 있기 때문이다. 그렇기에 이런 불확실성을

사전에 인지하고 모든 것을 학원에 기대기보다 도움을 받는다는 생각 정도로 기획자를 준비하는 것이 올바른 자세라 생각한다. 학원에서 진행하는 학습 과정을 내가 이해하지 못하고 따라가지 못한다고 해서 기획자의 자질이 없다고 생각할 필요도 없다. 내가 무엇이 부족한지를 생각하고 채우는 것에만 급급해 하지 말고 내가 왜 기획자가 되고자 했는지 어떤 것들에서 흥미를 느끼게 되어 학원에 등록을 하게 됐는지를 항상 우선으로 생각해 보자. 그것들을 학원에서 충족시켜주고 있는지 고민해서 앞으로 본인이 어떤 것을 결정해야 하는지에 대한 선택의 기준으로 삼기 바란다.

게임 기획자가
되기 위한 시작

　게임 기획자가 되기 위해 어떤 것부터 시작해야 할까? 직업으로서 기획자가 되기 위해 해야 할 일을 정하지 못했다면 지금이라도 계획을 세워 보는 것이 좋다. 하지만 게임 기획자를 목표로 삼고 난 후에 행동에 옮길 수 있도록 A-Z까지 방향을 명확히 제시해 줄 수 있는 곳도 찾기가 쉽지 않다. 모든 정보를 쉽게 찾아볼 수 있는 인터넷이라는 공간이 우리에게 있지만 그곳에서도 쉽사리 답을 얻기는 어렵다.

　내가 찾았던 방법도 막연히 인터넷을 뒤지거나 서점에 가서 관련 서적을 찾아 보는 일이 전부였다. 지금은 인터넷이나 서점을 통해 내가 원하는 것을 거의 다 얻을 수 있지만, 21세기가 막 시작되던 그 때는 인터넷을 통해서도 내가 원하는 정보를 쉽사리 얻을 수 없었다. 또 도움을 받을 수 있는 게임 개발 관련 책도 거의 출판되지 않은 상황이었다. 만약 내가 해외 서적을 미리 접할 기회가 있었다면 다양한 정보를 얻을 수 있었을지 모르겠다. 하지만 나는 적합한 자료를 찾지 못했고 안타깝게도 물어볼 수 있는 사람도 주변에 없었다.

　그런 내가 게임 기획자를 준비하기 위해 무언가 시도했던 첫 단계가 자격증 시험이었다. 당시 국가공인 자격증으로 게임 개발과 관련된 자격증이 처음으로 나온 시점이었는데, 나는 마구잡이로 자료를 찾으며 우연히 한국콘텐츠진흥원에서 발급하는 〈게임 기획 전문가〉 자격증을 발견하게 되었다. 나는 지푸라기라도 잡아 보자는 심정으로 응시를 준비해 보기로 했다. 마침 첫 1회 시험이 마무리되고 있었고 시험은 타 자격증 시험과 동일하게 필기와 실기로 구분되어 진행되었다. 지금은 거의 응시하지 않지만 당시에는 처음 생긴 자격증이어서 그랬는지 혹은 게임 기획이라는 것에 대해 관심이 급증했는지 모르겠지만 꽤 많은 사람들이 이 자격증에 응시했다.

필기는 대비 문제집을 공부해 합격할 수 있는 수준이었다. 실기는 대학교 고사와 유사하게 한 문장으로 쓰인 문제가 출제되었고 2시간이 넘는 긴 시간 동안 주어진 주제 내에서 본인이 생각하는 게임 기획서를 작성해야 했다. 놀랍게도 실기 시험도 합격할 수 있었다. 그것도 지금까지 치러진 시험 중 가장 낮은 실기 합격률을 기록했던 해에 받은 합격 통지였다. 실기 시험에서 어떤 주제의 게임을 선택했는지는 분명하게 기억이 나지만, 기획서를 세부적으로 어떻게 작성했는지는 기억이 잘 나지 않는다. 즉 어떻게 합격하게 되었는지 이유는 잘 모르겠다. 그렇게 나는 〈게임 기획자 전문가〉 자격증을 취득할 수 있었다.

하지만 자격증이 있다고 하더라도 나는 전문가는 아니었다. 그렇게 한 차례 길지 않았던 시간동안 자격증을 준비하며 신기한 경험을 할 수 있었고 고등학교 졸업 때까지는 평범한 고등학생의 생활로 돌아갔다.

게임 산업이 점차 커져가면서 국가에서도 게임 산업에 투자하기 위해 인재 양성의 목적으로 문화관광부 산하에서 〈게임 아카데미〉라는 게임 개발을 가르치기 위한 기관이 설립되었다. 내가 고등학교 졸업을 하던 시점에는 이 기관이 설립된 지 이미 6년 정도 되었을 때였다. 지금은 여러 이유로 기관이 통폐합 등을 거치며 게임 개발 단독 국가 교육 기관은 안타깝게도 그 명맥이 끊어졌다.

어쨌든 지금은 사라진 그곳에서 나는 처음으로 게임 기획자가 되기 위한 기회를 맞이했다. 면접 등을 거쳐 15명 정원으로 교육이 진행되었고, 같은 교육 기관 내에서 게임 그래픽과 프로그래밍의 학습 과정도 비슷한 인원으로 동시에 진행되었다. 교육과정은 2년 동안 진행되었고 첫 해는 이론 수업과 간단한 게임을 개발했다. 그 다음 해에는 본격적으로 그래픽, 프로그래밍 반과 팀을 이뤄 졸업 프로젝트 형태로 6개월의 시간이 주어졌다.

초반 이론 수업은 기획자에게 필요한 기본적인 도구를 설명해 주고 도구를 이용해 결과물을 만들고 설명하는 과정으로 진행됐다. (이전까지 모든 학교 과제물을 한글 프로그램 정도로 작성하던 나는 이 때 처음으로 MS 오피스 프로그램을 사용해 보았다.) 그렇게 기획자에게 필요한 다양한 소양을 여러 커리큘럼을 통해 배울 수 있었다. 하지만 모든 사람들이 기획과 관련된 모든 분야에서 소질이 있거나 관심을 보이기는 쉽지 않았기 때문에 수업이 진행됨에 따라 시나리오 작성을 선호하고 잘 쓰는 사람과 수학적 수치에 관심을 보이는 사람 등의 여러 분야로 각자 조금씩 나뉘는 모습을 볼 수 있었다.

내게 가장 의미 있었던 교육 과정은 혼자 게임을 제작해 보는 것이었다. 게임 제작이 가능한 프로그램 툴을 이용해 처음에는 대전 격투 게임을 만들어 보았다. 장르가 제한적인 상태에서 어떻게 최대한으로 나의 결과물을 보여줄 수 있을지 고민하는 시간이 나에게는 아직도 기억에 남을 만큼 인상적인 기억이다. 또한 나뿐만 아니라 다른 사람들의 결과물(게임)을 플레이해 보면서 어떤 부분에 조금 더 힘을 실어 완성했는지를 볼 수 있었고, 그를 통해 그 사람의 취향을 엿볼 수 있기도 했다. 최근 들어 혼자 게임을 제작하는 경험을 제공하기 위한 학습 방식은 점점 더 다양하게 만들어지고 보급되고 있다. 대표적으로 다양한 사람들이 정해진 날짜와 시간 동안 동시에 게임을 완성해야 하는 게임 잼(Game Jam)과 같은 프로그램이 대표적이다. (다만 Game Jam은 게임 개발을 학습하기 위한 교육용 행사는 아니다) 또한 시간과 공간 제약이 큰 디지털 게임을 대신해서 보드게임을 만들어보는 교육 프로그램도 있다. 나는 고등학교 3학년 수능을 준비하던 시기에 독서실에서 한 친구와 같이 보드게임을 만든 적이 있다. 이를 통해 그간 잊고 있었던 게임 개발의 즐거움을 우연치 않은 기회로 다시 접하게 되었다. 이때에는 친구들과 대화가 필요 없이 독서실에서도 즐길 수 있는 보드게임을 만들어 다른 친구들과도 함께 플레이를 반복하며 게임을 테스트 하고, 인쇄소에 명함 사이즈의 카드 제작을 의뢰하기도 하며 제법 그럴싸한 게임으로 완성한 적이 있었다. 이처럼 게임을 만들어 볼 수 있는 게임 잼과 같은 행사에 학생들의 참여도 늘어나고 있고 그에 따라 자연스럽게 이와 같은 행사가 새롭게 생겨나고 있는 추세다.

게임 아카데미에서 게임 기획 수업을 들을 때에는 쉬는 시간이나 수업이 끝난 후에 다 같이 게임을 하곤 했다. 회사에 입사하기 전 학생 신분일 때 본인이 할애할 수 있는 시간을 게임을 즐기는데 최대한 쓰는 것을 추천한다. 게임 자체를 많이 해 보는 것이 중요하기 때문도 있지만, 편견 없이 게임을 마냥 즐겁게 할 수 있는 마지막 시기일 수 있기 때문이다. 개발자가 된 이후에는 게임을 학생일 때 즐겼던 것처럼 순수하게 즐기는 것이 어려운 경우가 많다. 더하여 게임 기획자로서는 다양한 게임을 가리지 않고 즐겁게 하는 경험도 중요하다. 개발자가 된 이후에는 개발에 참여하고 있는 게임과 비슷한 장르의 게임에 주로 관심을 갖고 간혹 개인적으로 선호하는 장르의 게임을 단편적으로 즐기는 자신을 마주하게 된다. 그렇기에 그 외의 게임은 영상이나 글을 통해 간접적으로 경험하고 넘어가곤 한다. 만약 즐기는 게임의 취향이 특정 장르의 게임성에 고착화되었다면, 새로운 장르를 탐구하고 기존에 있던 장르의 융합을 해야 하는 상황에서는 어려움을 겪을 수 있다.

스마트폰이 처음 나오던 시기에는 예전 게임의 형태를 답습하는 게임들이 많았던 시기가 잠시 있었지만 금세 복잡한 게임의 형태로 변화했다. 요즘은 RPG 장르의 게임이라 해서 게임의 RPG 요소만을 포함하지는 않는다. 다양한 장르들과 융합을 시도하며 새로운 게임의 형태를 찾기 위해 노력하는 시기다. 물론 게임을 즐기는 소비자들 또한 K-pop처럼 장르가 복합적으로 섞여 있는 게임에 더 큰 호기심을 갖는다. 그러니 지금 하고 있는 게임 외에 추가로 내가 선호하는 혹은 알고 싶은 장르의 게임들을 과거부터 찾아 플레이 하는 것이 기획 능력에 도움이 될 수 있는 좋은 방법이라 생각한다. 내 경우에는 운이 좋게도 접했던 게임들이 새로운 장르의 시작점인 경우가 많아 해당 장르의 게임들이 어떻게 성장을 했고 발전했는지를 지켜볼 수 있는 기회를 잡을 수 있었다.

게임 아카데미의 생활이 적응기로 들어서는 반년쯤이 지났을 무렵 그래픽과 프로그래밍 수업을 듣는 학생들과 만날 수 있는 기회가 생겼다. 서로 다른 공간에서 공부를 하던 각 반에서 한 명 혹은 두 명씩 선별되어 팀이 만들어졌고 한 달이라는 기간 동안 게임을 만들어야 하는 과제가 주어졌기 때문이다. 첫 프로젝트의 팀이 꾸려졌을 때 나에게는 서브 기획자의 역할이 주어졌다. 팀이 꾸려지는 과정은 기획반의 학생들이 기간 내에 개발할 수 있을 법한 게임을 대략적으로 기획하여 발표하고 모든 발표가 끝나면 다른 반 학생이 선택하는 방식으로 구성되었다. 당시 내 기획은 선택되지 못했고 기획자가 필요한 다른 팀에 서브 기획자로 편입되었다.

개발을 시작하면서는 선택된 게임의 기획을 세부적으로 다듬기 위한 일을 함께 도왔고 한 달여 기간이었지만 개발 일정을 관리하는 업무와 경과 보고를 맡게 되었다. 여기서 가장 해결이 어려운 사안이 있었다. 바로 팀 구성원 모두가 학생 신분이라는 것과 어떠한 계기로 마음이 맞아 자연스레 만들어진 팀이 아니라 인위적으로 짜여진 팀이라는 것이었다. 그로 인해 서로가 원하는 방향이 잘 맞지 않았고 매 선택의 기로에서 각자 원하는 것을 일부 포기할 수밖에 없는 상황이 자주 발생했다. 만약 서로가 이전부터 알고 있었고 교류가 조금이라도 있었더라면 자연스레 대화가 진행됐겠지만 팀 구성원들은 서로 대화한 적도 없었다.

그때를 다시 떠올려 보면 이미 앞에 펼쳐질 난관이 예상될 만큼 좋은 상황은 아니었다. 하지만 다행히 아무 것도 몰랐던 때라 마주한 문제에 대해 그렇게 심각하게 받아들이지 않았던 것 같다. 그저 개발을 시작하기 위해 무엇을 해야 할지 몰랐던 것이 답답했을 뿐이다. 결론부터 말하자면 이런 문제를 다 극복하고 성공적으로 멋진 게임을 완성한 아름다운 결말은 맞지 못했다. 한 달이라는 시간이 넉넉하지 않다 보니 사소하지만 다른 분야의 일들을 조금씩 맡아 하게 되는 경우도 있었고, 일정대로 잘 진행되고 있는지 자체적으로 평가를 위해 매일 매일 확인해야 했다. 그래도 내게는 실제로 이런 과정이 게임이 개발되는 과정에서 필요한 일들이 무엇인지 짧고 굵게 경험할 수 있었던 귀중한 시간이 되었다.

개발하고 있는 게임의 장르나 규모로 보았을 때 복잡하지 않고 단순한 형태였기 때문에, 단편적인 경험이었지만 한 달 프로젝트를 시작하기 전과 비교했을 때에는 정말 기획자가 된 것 같은 느낌을 받기엔 충분했다. 이 때 가장 열심히 했던 일은 발표 자료 만드는 일과 발표 연습이었다. 일주일에 한 번씩 팀이 어떻게 진행되고 있는지 다른 팀 학생들과 수업을 해주시는 교수님들께 보고하는 시간을 가졌고 그런 상황을 적극 활용하기 위해 발표 자료를 여러 방법으로 만들며 알찬 시간을 보냈다. 이렇게 한 달의 시간이 벼락처럼 흘러가 프로젝트는 무사히 마무리 되었고 다시 각자의 반으로 흩어지며 다음 프로젝트를 기약했다. 겨울이 올 때쯤 한 달짜리 프로젝트를 한 번 더 진행하게 되었는데 다행히 팀 구성 방식이 이전과 다르게 무작위 선정 방식으로 변경되어 다행히도 나는 탈락의 아픔을 다시 겪지 않았다.

Q&A

게임 기획은
어디서부터 시작되나요?

학습 방법이나 기술적인 것을 일단 제쳐놓고 '재미있는 게임을 기획하기'와 같은 근본적인 문제를 생각해 보았을 때 그 시작은 호기심과 아이디어라 할 수 있겠다. 호기심과 아이디어는 굉장히 큰 차이가 있다. 호기심은 오직 본인으로부터 시작되고 자연스레 발생하는 반면, 아이디어는 본인이 아니더라도 다른 사람의 아이디어로도 충분히 활용 가능하다. 아이디어는 자연스럽게 갑자기 떠오르는 경우도 있지만 시간을 갖고 충분히 고민한 이후 생각나는 경우가 대부분인 것 같다. 나는 다양한 분야에 호기심을 가지려고 노력하고 있고 아이디어는 팀원들과 다 함께 고민하는 것을 선호한다. 이처럼 게임 기획에는 두 요소가 모두 필요하고 중요하다.

상황에 따라서는 두 요소를 서로 다른 업무로 구분할 수도 있다. 예를 들면 밸런스의 경우엔 호기심을 더 필요로 하고 새로운 콘텐츠 기획은 아이디어가 더 많이 요구된다. 밸런스 기획을 할 때는 '왜'라는 질문을 계속해서 해야 한다. 몬스터를 쓰러트리면 경험치를 '왜' 10만큼 줘야 하는 것인가? 아이템은 '왜' A를 줘야 하는가? 이에 답하기 위해서는 기획 목적을 다시금 생각해 보아야 한다. 기획에는 분명히 무언가 목적이 있다. 왜 그렇게 해야 하는 지에 대한 질문을 계속해서 하지 않으면 중간에 세워 놓았던 목적을 잃어버리고, 기획의 의미도 잃어버릴 수 있다. 즉 플레이어에게 어떤 재미를 주려고 했는지 그 목표가 사라지게 되는 것이다.

아이디어는 어떨까? 콘텐츠를 기획할 때 새로운 캐릭터를 게임에 추가한다고 생각해 보자. 어떤 캐릭터가 우리 게임에 어울릴지를 생각해 보려면 우선 어울리는 캐릭터를 나열하여 선택하는 것이 가장 좋은 방법이다. 이는 혼자 생각해 볼 수 있는 방법도 있지만 주변 팀원에 도움을 요청해 같이 생각해 보면 혼자 생각했을 때보다 2~3배의 선택지를 만들어 낼 수 있다. 물론 특별히 좋은 아이디어를 가지고 있는 사람도 존재한다. 이런 사람은 다른 사람이 쉽게 생각하지 못하는 참신한 아이디어를 떠올릴 수 있는 사람이다. 하지만 모두에게 이런 사람이 되라고 요구할 수는 없다. 내가 생각하는 아이디어란 모두가 지닌 각자의 생각이다. 그 아이디어들이 지금 나에게 필요한 아이디어가 될 수 있다.

이처럼 게임 기획자는 재미에 대한 연구를 하는 사람이지만 연구를 한다고 해서 골방에서 오랜 시간 무언가를 깨우치기 위해 혼자만의 시간을 보내는 사람은 아니다. 눈에 보이는 모든 것들에 관심을 갖고 내가 아닌 다른 사람들의 생각을 관찰하여 새로운 재미를 경험할 수 있는 게임을 만들어 내는 것이 기획자이자 기획의 시작을 만들어 내는 길이다. 적어도 내가 되고 싶은 기획자는 그런 사람이다.

Q&A

청소년 때 쌓아두면
좋을 경험이나 소양이 있나요?

이미 워낙 많은 게임 콘텐츠가 주변에 퍼져 있기에 콘텐츠의 부족함을 느끼지 못하는 시대가 됐다. 하지만 비디오 게임이 막 시작되던 20여 년 전을 돌이켜 보면, 학생들이 학교를 마치면 컴퓨터 앞이 아닌 흙으로 덮힌 운동장에서 가장 많은 시간을 보내던 시절이 있었다. 구슬이나 돌맹이 같은 주변에 있는 것들로 무언가 놀 수 있는 거리를 만들어 냈다. 친구들끼리 규칙을 정하고 하나씩 놀이를 만들어 내는 과정은 매우 흥미로웠다. 공평하고 즐겁게 게임을 하기 위해서는 그 게임을 만든 과정에서 무엇이 문제였는지 스스로 깨우쳐야만 했다. 누군가에 의해 문제가 밝혀지고 고쳐지면 점점 더 그럴싸한 놀이로 발전됨을 볼 수 있다. 그때는 필요에 의해 했던 자연스러운 놀이 문화였지만 지금은 많은 것들이 우리 주변에 완성된 형태로 제공되기에 이와 같은 창작에 대해 필요성과 갈증을 느끼기란 쉽지 않다.

요즘은 코딩 교육이 필수 교육 과정으로 확산되고 있다고 들었다. 이는 게임 개발을 꿈꾸는 이들에게는 좋은 교육 환경이라 생각한다. 이런 토양에서는 단연 직접 게임을 만들어 보는 것이 가장 좋은 경험이 될 것이다. 물론 코딩 교육을 받았다고 하더라도 꼭 컴퓨터를 통해 디지털 게임을 제작해 볼 필요는 없다. 종이 위에 보드게임을 만들어 보거나 공을 가지고 새로운 놀이를 만들어 보는 등과 같은 경험도 충분히 가치가 있다.

놀이를 만들어 가는 과정은 게임 개발자를 꿈꾸는 사람에게는 굉장히 중요한 경험이다. 그렇기에 조금은 귀찮기도 하고 어렵겠지만 게임이 이미 있는 상황이더라도 없다고 가정하고 부족한 것을 만들어 보는 것이 하나의 공부가 될 수 있다. 어떠한 형태라도 일단 직접 게임을 만들어 보자.

게임을 개발해 보고자 했을 때 갖추면 좋을 소양으로는 게임을 개발할 수 있는 도구의 사용 방법을 익히거나 프로그래밍 언어를 공부하는 것, 그리고 게임 자체에 대한 역사나 발전 과정에 대해서도 관심을 갖고 익히는 것을 꼽을 수 있다. 게임에 대해서 알아보고자 한다면 책을 통해 알아갈 수도 있겠지만 직접 해 보는 것이 가장 좋은 방법이다. 물론 지금 와서 옛날 게임을 해 보는 것 자체가 쉽지 않을 수 있고, 어떤 게임이 인기가 있었는지를 일일이 확인하며 하는 것도 지루한 노동이 될 수 있다. 옛날 게임이 아니더라도 지금 선택할 수 있는 다양한 게임을 즐기는 것이 청소년기에 마음껏 쌓을 수 있는 좋은 경험이겠다.

게임 개발자가 되고 싶어 하는 학생들을 만나면 '게임 많이 해요?'라는 질문을 습관적으로 하게 된다. 지금 시대를 살고 있는 청소년들과 대화를 하면 할수록 느끼는 것은 우리나라 특성상 콘텐츠 소비의 편중이 심한 편이라는 점이다. 그만큼 다양한 콘텐츠를 즐기는 것은 생각만큼 쉽지 않다.

또 한 가지는 게임 전시회에 방문하는 것을 추천한다. 외국에 비해 우리나라에서 개최되는 전시회는 그 숫자도 많지 않고 규모도 대부분 크지 않지만 막상 참여하게 되면 게임 전시회의 분위기에 의해 평소 관심 없었던 콘텐츠에도 호기심이 생길 수 있다. 그 덕에 다양한 콘텐츠를 경험해 볼 수 있는 기회가 생긴다. 스스로 나름대로 찾아보는 콘텐

츠는 대부분 내가 관심 있는 것들을 기준으로 하여 우선적으로 선택하게 되기 때문에 이렇게 새로운 행사에 참여하며 새로운 환경을 접해 보는 것도 다양한 경험을 할 수 있는 기회다. 또 우리나라에서도 인디게임의 영역이 점차 확장되고 있어서 앞으로 좋은 기회가 더 많이 생길 것으로 기대된다.

추가로 게임 외적으로 관심 가질만한 경험이나 소양에 대해 잠시 이야기해 보려 한다. 간단히 말하자면 게임 외적의 다양한 활동은 그게 어떤 것이라도 도움이 될 수 있다. 호기심에 무언가를 새롭게 배워 보는 것도 좋고(운동, 기술 등 다양한 영역), 게임 외에 친구들이 관심 갖는 것에 대해 같이 관심을 가지고 즐겨 보는 것도 좋다. 내가 관심이 없었던 것들을 친구들을 통해 알게 되고 학습하게 되는 경우도 적지 않기 때문이다. 본인이 게임 이외에 아무것도 관심이 없었다면 대중들이 많이 선택하는 문화생활을 찾아 경험해 보는 것이 쉽게 시도해 볼 수 있는 좋은 선택지다. 대중적인 문화를 이해하는 것에도 도움을 받을 수 있고 이후에 개발자가 되어 팀원들과의 대화에서도 그를 통해 공감대를 쉽게 형성하는데 도움을 얻을 수 있다.

독일의 게임쇼에
참관했을 당시 전시회장

Q & A

기획자에게 적합한
성격이 있을까요?

콕 집어 이야기할 수는 없겠지만 기획자로 조금은 도움이 될 성격에 대해 이야기해 보려 한다. 하지만 여기서 설명하는 성격이 절대적인 것은 아니다. 그렇지 않다고 해서 기획자가 될 수 없는 것이 아님을 꼭 유념해 주었으면 좋겠다.

기획자는 자신이 기획한 내용을 팀원들에게 전달하기 위해 대화가 필수적으로 요구되는 직업군이다. 그렇기에 평소 가족이나 친구와 대화를 쉽게 이끌어 갈 수 있는 성격이라면 기획자로 업무를 진행하는데 도움을 받을 수 있다. 물론 여기에서 대화란 단순히 대화를 하는 것을 넘어 생각하고 있는 내용을 얼마나 효율적으로 조리 있게 설명할 수 있는지에 관한 능력이다. 만약 대화 자체를 어려워하는 성격이라면 대화의 효율을 이야기하긴 어려울 것 같다. 이런 경우엔 각자 성향에 맞게 효율적인 대화를 할 수 있는 방법에 대해 생각해 보는 것이 좋다. 대화를 어려워한다고 해서 강제로 잘하려고 노력하는 것보다는 내가 생각하는 바를 올바로 전달하기 위해 어떤 대화 스타일을 추구해야 하는 지 알아보는 것이 가장 중요하다.

대화는 사람마다 길게 하는 것을 좋아하는 경우도 있고 필요한 이야기만 짧게 하는 것을 선호하는 사람이 있다. 많은 인원으로 구성되어 있는 개발 팀에는 대화에 대해서도 이처럼 다양한 성향의 사람들이 모여 있다. 개발 과정에서는 다른 사람들의 이야기를 통해 기획이 보완되는 경우도 많고 개발 진행에 문제가 생겨 해결책을 찾는 과정에서도 현황 파악을 올바르게 하기 위해 경청의 중요성이 대두되기도 한다. 타인의 이야기를 듣는 경청만으로도 서로의 신뢰 관계를 표현할 수 있기 때문이다. 우선 기획을 잘 전달하는 것이 중요하지만 전달된 기획에 문제가 생겼을 때, 내가 제안한 기획이 좋다고 생각하더라도 계속해서 같은 의견으로 어필하기보다 이야기를 듣고 어떤 점이 문제가 되는지 올바르게 바라보아야 할 것이다. 이처럼 다른 직군에 비해 기획 직군은 말을 해야 하는 경우도 많고 또 위와 같이 잘 들어야 하는 경우도 자주 있다. 필요한 말을 적절하게 잘 전달하고 다른 사람의 생각을 잘 경청까지 할 수 있다면 완벽한 기획자로서의 소양을 갖추었다고 할 수 있겠다.

하지만 완벽한 사람이 없듯이 사람이라면 누구든 어느 정도 한 쪽으로 치우쳐 있기 마련이다. 그렇다면 평소 친구들과 대화를 할 때 내가 주도를 하는지 듣는 편인지를 점검해 보는 것은 어떨까? 나의 성향을 파악할 수 있다면 내 성격에서 어떤 점이 강점인지를 인지하고 더 발전할 수 있도록 개선해야 할 방향을 어렵지 않게 잡아낼 수 있을 것이다.

막연한
기획자 공부

　게임 개발자에게 가장 의미 있는 학습 중 하나는 직접 게임을 개발해 보는 것이다. 개발 과정에서는 필요한 기획 요소들을 직접 체감할 수 있다는 점에서 기획 역량을 향상시키는 데 많은 도움을 받을 수 있다. 물론 어떤 게임을 만드는지에 따라 학습의 정도 차이는 있겠지만 게임 개발에 처음부터 끝까지 참여할 수 있다는 것 자체가 굉장히 귀중한 경험이다. 아카데미에서 학생의 신분으로 짧게나마 참여했던 두 번의 게임 개발을 통해 기획자에게 필요로 하는 지식에 대해 생각해 보고 어떤 역할로 개발에 참여해야 하는지 아주 조금은 머릿속에 정리가 됐다. 아카데미에서의 생활이 1년을 넘어 갈 무렵 마지막 장기 프로젝트 수업만이 남아 있었다. 장기 프로젝트는 6개월이 넘는 시간 동안 진행되는 만큼 사전 준비 기간도 이전과 다르게 길었다.

　마지막 장기 프로젝트를 진행하기 전까지 계속해서 고민하고 실마리를 찾고자 노력했던 것은, 기획자는 어떤 것을 배워야 하는 것일까 하는 것에 대한 궁금증이었다. 조금의 실마리가 풀릴 것 같은 느낌만이 맴돌고 있었고 무엇이 맞는 길인지 찾지 못하고 개발 툴에 대한 사용법을 익히거나 문서 작성 프로그램 사용 방법 혹은 프로그래밍이나 그래픽 수업을 기웃거리며 이것저것 조금씩 건

드려 보며 헤매기 일쑤였다. 물론 지금에 와서 생각해 보면 당시에는 길을 잃고 헤맸던 것 같지만 결국 모든 게 기획자의 필요조건이었다. 기획자가 모든 것을 학습하는 것은 불가능하지만 인문학을 공부하고 수학을 익히고 프로그래밍을 배우고 그래픽을 도전하면 할수록 그 모든 게 기획과 연결된다는 것을 경험할 수 있다.

좋은 기획자가 되기 위한 공부로 직접 만들어 보며 부딪히는 것을 가장 추천한 이유는 그를 통해 기획에서 할 수 있는 고민의 범위를 스스로 확장할 수 있기 때문이다. 그뿐만 아니라 필요에 따라 다른 기술들을 배워야 하는 상황에 부딪히며 간접적으로 학습 효율이나 집중력이 향상될 수 있다. 게임 개발에 있어서도 모든 게임 개발이 동일하지는 않다. 게임의 규모, 팀원 구성, 그리고 기간 등에 따라 내가 해야 하는 일이나 할 수 있는 일에서 많은 차이가 생긴다. 그렇기에 진행하는 프로젝트에서 내가 어떤 일을 했는지를 기록하여 게임을 개발한 이후에도 기획자에게 가치 있는 경험이 될 수 있도록 반추해 보는 것이 좋다.

마지막 프로젝트가 막 시작되는 시점에 우선 내가 어떤 일을 해야 하는 지 확실히 방향을 잡는 것에 초점을 두었다. 시작하기 전 처음으로 팀원들에게 물어본 두 가지가 있었다. 첫 번째는 만들고 싶은 게임의 대략적인 정보 즉 장르나 형태였고, 두 번째는 프로젝트를 통해 얻고자 하는 결과물이 무엇인지에 대한 질문이었다. 두 번째 질문은 프로그래머 입장에서 어떤 기술이 게임에 포함되는 것이 취업에 도움이 되는지에 대한 각자의 생각을 묻는 질문이기도 했다. 그래픽 디자이너(아티스트), 게임 기획자(게임 디자이너), 프로그래머 이렇게 세 파트의 구성원으로 구성된 팀원들은 각자가 원하는 것들을 종이에 적어 한 곳에 모왔고 각자가 원하는 것들을 만족할 수 있는 게임을 만들도록 구상을 시작했다.

보통은 어떤 게임을 만들지 결정하는 것이 우선이다. 하지만 내가 참여한 마지막 프로젝트는 이와는 조금 다른 방법으로 접근했다. 게임보다는 각자가 이득을 취할 수 있는 결과물을 만들기 위한 논의가 언뜻 보면 올바르지 않은 개발 방식으로 보이지만, 당시 내가 중심으로 두었던 것은 재밌는 게임을 개발하자 라기 보다는 조금 더 높은 우선순위로 각자 원하는 것을 집어넣으며 게임다운 게임을 만들어 보는 것이었다. 게임 재미가 조금 떨어지더라도 완성도를 높일 수 있는 방향을 기준으로 잡고 문제가 발생할 때마다 그 문제를 해결하는 기준으로 삼기로 했다. 기획자로서 내가 원했던 것은 게임이 끝까지 잘 완성되는 것이었다.

그렇게 개발하기 시작한 게임의 장르는 판타지 콘셉트의 RPG였다. 멀티로 다른 사람들과 같이 짧은 던전을 플레이하는 게임이었고 멀티 게임인 만큼 온라인 게임의 느낌이 날 수 있도록 마을을 넣어 전투를 준비하는 과정까지를 포함시켰다. 그래픽은 어떤 분위기로 만들지 결정한 이후에는 게임에 들어가는 요소들을 기획 쪽에서 고민하여 정리하면서 동시에 팀원들이 제시하는 의견들을 선별하고 구현하기 위해 필요한 요소가 어떤 것들이 있는지 정리하는 일을 담당하기도 했다.

획기적인 게임 기획을 하는 것이 아니라면 기획자는 무슨 노력을 해 볼 수 있을까? 소규모 인원의 팀으로 게임을 개발하다 보면 게임 그래픽이나 프로그래밍 이외에 필요한 일들을 기획자가 하는 경우가 많아진다. 이는 주로 사운드나 UI(User Interface) 등의 작업이다. 사운드의 경우에는 직접 제작하는 것은 아니었고 무료로 사용할 수 있는 적절한 사운드를 구하거나 편집하는 등의 작업이 주를 이뤘다.

기획자로서의 역할을 수행하기 위해 프로젝트 진행 중 가장 많은 시간을 투자한 것이 크게 두 가지가 있다. 첫 번째는 팀원들의 작업에 관심을 갖는 일이었다. 이는 실제로 일정 관리를 담당하게 되며 각 팀원들이 하는 일에 대해 자세하게 물어보며 진행하는 방식으로 노력했다. 물론 관리라고 말했지만 각 작업에 대해 내가 알고 있는 정보가 많지 않기에 한계는 있었다. 하지만 그런 한계를 극복하기 위해 정보 차이를 좁혀 나갈 수 있도록 노력했다. 물론 과정이 순탄치만은 않았다. 언제 누군가가 어떤 일을 해야 하고 남은 일이 무엇인지 확인하기 위한 목적으로 했던 일인데, 내가 그에 맞는 역량을 가지고 있지 못하다 보니 팀원들이 각자 알아서 진행하는 분위기로 흘러가고 있었다. 처음에 지향했던 게임의 완성도를 높이기 위해서는 적재적소에 팀원들이 필요로 하는 시점에 작업을 제시할 수 있어야 하고 상황에 따라 누락이 된 기획이 있는지 체크하는 것이 중요했다. 나는 연결고리 역할을 맡았음에도 이를 잘 관리하지 못했던 것이다.

실수를 반복하지 않기 위해 내가 알지 못하는 내용이더라도 작업 내용을 물어보고 모르는 내용은 빠트리지 않고 필기하여 확실히 알 수 있도록 찾아보는 일부터 다시 시작했다. 정리한 내용에는 하고 있는 어떤 일인지 난이도가 어느 정도인지 등이 포함되어 있었다. 그리고 팀원들도 각자가 해야 할 작업에 어느 정도 시간이 소요될지 예측 못하는 경우가 많았기 때문에 대략적인 목표를 잡고 그 작업이 목표한 시간 내 가능한지 확인하는 자리를 자주 만들었다. 프로젝트가 마무리되는 시점에는 실제 개발 과정에서 필요했던 일들에 대해 능동적으로 학습할 수 있는 시간이었음을 깨달았다. 물론 팀원들의 작업에 대해 완벽히 이해하고 학습한 것은 아니었지만 최소한 우리가 무엇을 하고 있는지를 확실하게 인지할 수 있었다.

두 번째로 많은 시간을 투자한 일은 발표 준비(스피치)였다. 내 의사를 정확하게 전달하기 위한 연습이 필요했고, 이전에도 그랬듯이 발표 시간을 적극 활용했다. 한 달짜리 프로젝트를 할 때는 1~2번 정도 프로젝트에 대한 발표를 했다면 이번에는 일정 발표, 현황 전달, 프로젝트 소개 등 다양한 목적으로 훨씬 많은 횟수의 발표를 해야 했다. 발표는 어떤 방식으로 내용을 전달할 것인지가 제일 중요하다. 그를 위해 전달하고자 하는 내용을 프리젠테이션으로 표현하는 것과 전달 내용을 잘 전달하기 위해 반복해서 발표 연습을 하는 것이 주된 포인트였다. 발표 자료는 주로 파워포인트를 이용하여 제작했는데 그 외에도 새로운 도구가 생기면 사용해 보고 실제 결과물도 만들어 발표하기도 했다. 새로운 프리젠테이션을 만들 때 유의사항은 발표 내용에 따라 콘셉트를 미리 정해야 하고 정한 콘셉트에 맞는 형식도 새롭게 제작해야 한다는 점이다. 새로운 형식의 발표 자료를 만들 때면 사용해 보지 않는 기능을 써서 제작하는 데에 주안점을 두었다. 대부분의 파워포인트의 기능이나 단축키는 이때 익힌 것이다. 이렇게 제작한 자료를 가지고 팀원들과 같이 게임을 개발하는 시간 외에는 발표 연습을 했다. 보통 한 번 발표하면 최소 10회 정도 리허설을 진행하고, 중요한 발표의 경우 30회를 진행하며 스크립트를 수정하고 발표 자료도 같이 보완했다. 스피치 강의를 인터넷이나 책을 통해 학습하고 자료들을 보며 따라해 보기도 했다. 연습하는 내용을 녹음하여 말의 속도 조절 등의 교정을 하기도 했다. 다시금 연습하던 내 모습을 상상해 봤을 때 조금 아쉬운 것은 너무 혼자 해결하려고 하다 보니 시간은 시간대로 보내며 효율적으로 스피치 연습을 하지 못했다는 점이다. 여유가 된다면 주변에 도움을 요청하거나 전문가의 조언을 듣는 것을 추천한다.

그렇게 기획자로 그리고 팀원으로 노력할 수 있는 일들에 대해 탐구하는 사이 주어진 시간은 막바지로 흘러갔다. 그리고 게임도 점점 완성된 형태를 갖추게 되었다. 다행히 노력한 시간이 아깝지 않을 정도의 만족스러운 결과물이 완성되었고 2007년에 개최한 인디게임 공모전에서 수상하는 영광도 얻었다. 제작에서 의도한 것은 맞지만 인디게임 부분에서 기획상을 제외한 각 부분의 모든 상을 수상하게 되어 즐거움도 있었지만 복잡 미묘한 감정이 들었다. 그렇게 프로젝트가 마무리 되었을 시점에 나의 20대는 본격적으로 시작되고 있었다.

프로젝트로 정신없던 시간이 지나가고 조금씩 느슨해지던 때에 게임 기획자로 취업을 생각해 보게 되면서 다시금 게임 기획자를 준비한다는 것이 얼마나 막연한 것인지를 고민하는 시간으로 돌아왔다. 내 앞에 주어진 일을 해결해 가는 것이 하나의 해결책일 수 있지만, 회사에 취업하여 나에게 주어진 일들이 생기기 전까지는 내가 해야 할 일을 알아서 찾아 돌아다니는 것은 너무나 힘든 일이었다. 물론 이 시간은 누구나 반드시 겪게되는 일이기도 하다. 가끔 답답한 마을을 인터넷이라는 바다가 해결해 주었으면 하는 막연한 기대감에 한없이 이곳저곳을 헤엄치던 시간도 많았다.

게임 기획이라는 학문은 아직까지 존재하지 않는다. 현재 학문으로 만들기 위해 많은 사람들이 노력하고 있지만 그를 위해서는 꽤 많은 시간이 필요할 것으로 보인다. 그럼 지금 나는 무엇을 준비해야 할까? 앞서 말한 것처럼 게임을 만들어 보는 것은 어떨까? 게임을 만들어 볼 수 있는 자리를 찾아보거나 직접 게임을 만들어 보는 일에 관심을 갖는 일로 시작하길 추천한다. 그렇다고 해서 지금 해야 하는 공부를 놓으라는 것은 아니다. 중요한 것은 각자 나이에 맞는 과정의 학교에서 공부를 하고 진학하는 것도 놓아서는 안 된다. 내가 원하는 것을 위해 포기를 고려할 수는 있지만 언제나 포기라는 선택지가 최선이 될 수는 없다. 지금 하고 있는 공부나 일에 최선을 다하는 것 또한 기획자로 가는 가능성 중에 하나로 충분히 생각해 볼 수 있고 분명 게임 개발에도 도움이 될 것이고 자신만의 강력한 무기가 될 수도 있다는 점을 기억했으면 좋겠다.

Q & A

혼자 게임을 만들어 보려 하는데, 추천할 만한 방법이 있나요?

막상 게임을 만들어 보려 하면 어떤 방법을 선택해야 할지 감이 오지 않을 수 있다. 우선 방법론적인 문제보다는 내가 어떤 게임을 만들고자 하는지 목표를 가장 먼저 고민해 보아야 한다. 그 목표에 따라 선택할 수 있는 선택지가 달라지기 때문이다. 여기서 이야기하는 목표는 게임을 어떤 이유 때문에 만들고 싶은지의 문제다. 게임 제작에 목표로 삼을 수 있는 것들은 혼자서 게임을 개발하는 1인 개발자가 되어보기 위해서, 취업을 목표로 제작 과정에 대한 경험을 쌓기 위해, 나와 적성이 맞는 일인지 확인해 보기 위해, 그리고 내가 좋아서 즐기기 위한 게임을 만들기 위해서 등 다양한 목표가 있다.

먼저 1인 개발자가 되기 위해 게임을 개발한다면 본격적으로 게임을 개발할 수 있는 방법을 찾아 보는 것이 좋다. 당연히 게임을 개발하는 것에 그치지 않고 시장에 출시할 수 있는 수준까지 계획을 잡아야 한다. 그리고 개발한 게임은 일정 수준 이상의 성과가 수반되어야 한다. 여기서 일정 수준 이상의 금전적인 성과는 반드시 고려되어야 하는 항목이다. 그렇기에 효율적인 개발을 할 수 있도록 혼자서 시장에 상용화할 수 있도록 개발 방향을 잡는 것이 맞다. 이런 경우 상용화 되어 있는 게임 엔진의 도움을 받아 손쉽게 출시할 수 있는 플랫폼을 타켓으로 개발하는 것을 추천한다. 상용화 되어 있는 게임 엔진을 사용하면 시작부터 출시까지 많은 부분에서 도움을 받을 수 있다. 과거에는 기업의 대규모 개발 팀을 대상으로 엔진이 개발되어 사용 난이도나 비용이 매우 높았지만 몇 년 전부터는 기업이 아닌 소규모의 개발자들도 엔진을 사용해 개발할 수 있도록 형태를 갖춰가고 있어서 보다 손쉽게 게임을 개발하게 되었다. 시중에 나와 있는 책이나 인터넷 정보를 통해 엔진 사용 방법이나 개발 과정을 학습할 수 있게 되어 어렵지 않게 접할 수 있다. 자신이 개발하고자 하는 게임의 방향에 맞춰 비슷한 장르 혹은 형태를 갖추고 있는 예제를 찾아 따라 제작하면서 원하는 모습으로 조금씩 개선하고 필요한 부분은 덧붙여 간다면 원하는 결과물을 얻을 수 있다.

이와 같이 본격적인 게임을 개발하는 것과 다르게, 두 번째로 취업을 목표로 개발하고자 하는 목표가 있다. 이 경우 선택할 수 있는 방법은 조금 더 넓게 생각할 수 있다. 일명 포트폴리오로 사용하기 위한 결과물이나 경험을 만들어 내는 과정이다. 그렇기 때문에 연습용 게임을 만들어 보는 것으로도 충분하다. 앞서서 언급했던 책과 같은 학습 과정을 통해 게임을 제작해 보는 것이다. 이 과정에서 생각했던 형태로 게임이 잘 제작되었는지, 문제는 없는지, 제작을 하면서 어떤 어려움이 있었는지 등을 기록하고 정리하는 것이 중요하다. 조금은 특색이 없거나 많은 사람들이 플레이하지 않는 게임이라고 하더라도 전혀 문제되지 않는다. 게임을 통한 성과보다는 게임을 개발했다는 것 자체가 유의미하기 때문이다. 단순히 기술적인 부분만 보더라도 게임을 제작해 볼수록 알게 되는 것들이 경험에 따라 늘어날 것이고 그 이후에는 좀 더 복잡한 형태의 게임 개발을 욕심내 보는 것이 좋다. 기회가 된다면 2~3명의 사람들과 같이 제작해 보는 것도 매우 좋은 경험이다. 혼자 만드는 것과 같이 만드는 것 중에 고민하고 있다면 나는 무조건

같이 만들어 보는 것을 추천한다.

세 번째로 적성이 맞는 일인지 점검하는 목표를 세웠을 수 있다. 이는 내가 생각하기에 가장 중요한 목표다. 앞서 언급한 두 가지 목표는 앞으로 계속 게임을 개발하고자 하는 결정을 한 이후에 세운 목표지만 검증을 하는 단계라면 실패 리스크를 줄이는 것이 중요하다. 검증을 한다고 해서 실패 확률이 높은 방식으로 게임 개발을 시도하게 된다면, 섣불리 게임 개발이 적성에 맞지 않는다고 결론짓게 될 확률이 높다. 그렇기에 중간에 포기할 확률이 높은 혼자서 게임을 개발하는 방법은 피하는 것이 좋다. 물론 게임 개발은 개발 기간도 매우 오래 걸리며 처음 기대와 다르게 항상 즐거운 일은 아니다. 그래서 이 경우엔 처음부터 끝까지 게임 개발을 다 해 보는 것보다는 부분적으로 경험을 해 보는 것을 추천한다. 게임의 전체가 아니라 주어진 재료를 사용해 만들어 볼 수 있는 툴을 이용하여 만들거나 일부 게임에(스타크래프트 2와 같은) 포함되어있는 툴을 활용하여 게임을 만들어 보는 것이 그와 같은 방법이다. 그렇다고 너무 쉬운 방법으로만 게임 개발자라는 직업을 점검해 보라고 말하고 싶진 않다. 어느 정도는 허들이 있는 방법으로 게임 개발을 경험해 보는 것이 좋다. 특히 긴 시간을 두고 확인해 보기엔 어려운 상황이라면 더더욱 쉬운 과제들을 통해서는 본인의 적성을 확인하기 어렵다. 그럴 때에는 기간을 정해 게임 개발을 도전해 보는 것이 좋다. 만드는 과정에서 흥미가 생기고 욕심이 생긴다면 기간이 끝나더라도 자의적으로 기간을 더 늘려 게임을 만들고 있는 스스로를 발견할 수 있을 것이다.

마지막으로 그저 즐기기 위해 게임을 만들고 싶다면 방법에 제약을 두지 않아도 좋다. 누구와 어떤 장소에서 즐기기 위한 것인지 생각해 보고 그에 맞는 개발 방법을 모색해 보자. 당장 주변 친구들과 모여 즐기기 위한 게임이 필요하다면 보드게임을 직접 만들어 보는 것도 좋은 방법 중 하나다.

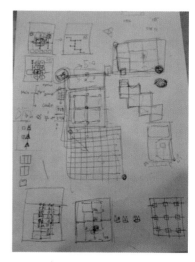

개인 프로젝트로 노트에 스케치를 하며
게임의 형태를 구상한 기록

Q & A

공모전에 수상한 경력이
도움이 될까요?

아마 대부분 공모전에는 나만의 업적을 달성하기 위해 참여하는 경우가 많을 것 같다. 이런 업적은 취업 할 때엔 이력서 한 줄로 사용되곤 한다. 다른 회사와 같이 게임 회사에 취업하기 위해 이력서를 작성할 때도 게임 혹은 관련 직무와 관련한 수상 경력이 있다면 도움이 된다. 어디서 주최를 하고 어떤 주제로 진행된 공모전인지에 따라 수상 경력의 가치가 큰 차이를 보이겠지만, 우선 이력서에 수상 경력을 작성해서 제출했다면 회사에서는 다른 지원자들보다 더 관심 있게 이력서를 보게 된다. 특히 게임 개발과 관련된 공모전이었다면 어떤 결과물을 가지고 수상하게 되었는지까지 관심을 둔다. 그리고 면접 단계에서 그에 관해 추가적으로 질문한다. 그렇기 때문에 게임과 관련된 공모전이 있다면 주저 없이 참가할 수 있는 방법을 찾아보는 것이 좋다. 게임과 관련된 공모전은 시대의 트렌드에 따라 기존의 것들이 사라지고 새로운 공모전이 생기는 경우가 비일비재하기 때문에 어떤 트렌드에 맞춰서 공모전이 생긴 것인지, 그리고 대부분의 공모전들이 어떤 주제를 가지고 있는지를 파악해 보는 것도 사전에 준비할 수 있는 영역이다. 이력서를 준비해야 하는 것이 아니라면 공모전 수상이 필요 없다고 생각할 수도 있다. 공모전은 이력서 작성 외에도 또 다른 장점이 있다. 개인적인 경험으로는 공모전의 경험이 게임 개발자를 준비하는 과정에서 자존감을 높이는데 도움이 될 수 있다. 본인이 게임 개발자로 일을 잘 할 수 있을지 의구심이 든다면 이런 공모전의 기회가 그나마 객관적인 지표로서 확인해 볼 수 있고, 계속해서 개발자를 도전해 볼 수 있는 동기 부여가 될 수 있다. 게임 개발을 잘한다는 것은 준비하는 과정 중에서는 판단하기 어렵다. 그렇기에 회사에서도 게임을 출시하고 나서야 시장의 반응을 통해 평가 받는 경우가 많다. 하지만 아쉽게도 시장에서 좋은 성과를 내는 게임은 소수에 불과하여 이마저도 게임 개발자로서 피드백을 받을 수 있는 기회로 주어지기가 어렵다. 그렇기에 개발자가 되고자 하는 사람에게는 더욱이 먼 이야기가 될 수밖에 없기에 공모전은 이들에게는 좋은 기회다. 단순히 공모전 수상에 목을 매라는 의미보다는 준비하는 과정에서 방황하고 있는 자신에게 동기를 부여할 수 있는 수단으로 사용되었으면 하는 바람이다.

Q & A

게임 기획자에 대한 정보나 도움을
받을 수 있는 커뮤니티가 있나요?

모르는 정보는 인터넷을 통해 대부분 확인할 수 있는 시대가 왔기 때문에 게임 개발과 관련된 궁금증이나 정보 등은 검색만으로도 쉽게 찾을 수 있다. 하지만 특별히 내가 추천하고 싶은 것은 개발자 컨퍼런스로 게임 개발과 관련된 경험이나 지식을 공유하는 자리다. 국내에서도 다양한 컨퍼런스가 매년 개최되고 있고 정기적으로 열리는 행사뿐만 아니라 간헐적으로 열리는 행사들도 있어서 이전에 진행됐던 컨퍼런스를 찾아보면 대략적으로 참가가 가능한 시기나 주로 언급되는 이슈를 확인해 볼 수 있다. 물론 직접 참여하는 것을 가장 추천하지만 시간이나 장소 등의 한계로 직접 참관이 어려운 경우에도 좌절할 필요가 없다. 진행되었던 다양한 개발자 컨퍼런스의 인터넷 사이트에 접속해서 이전에 진행했던 컨퍼런스의 발표 내용들을 다시 볼 수 있도록 업로드한 자료를 찾으면 된다. 생각보다 많은 자료를 사이트에서 찾아볼 수 있다.

여기서는 게임 기획자에 대해서만 언급하겠지만 관심 있는 직군에 대한 발표 내용들을 한 번씩 보는 것만으로도 많은 도움을 받을 수 있기에 업계에서 개발을 하는 기획자들도 컨퍼런스에 관심을 갖고 적극적으로 참여하는 편이다. 만약 컨퍼런스에 직접 참관했다면 노력을 들여 참관한 만큼 현장에서만 얻을 수 있는 것들을 최대한 얻어야 한다. 컨퍼런스는 궁금한 것을 직접 질문할 수 있다는 점이 가장 큰 장점이다. 그렇기에 강연을 듣고 궁금한 것이 생기면 주저하지 말고 발표자에게 물어보는 것이 좋다. 어떤 강연자가 되었든 청중이 자신의 강연 내용을 주의 깊게 듣고 질문하는 것은 언제나 환영하기 때문이다. 강연 내용과 관련 없는 취업 관련 질문도 문제되지 않으니 적극적으로 질문하고 참여하길 추천한다.

그렇다면 컨퍼런스와 같이 일방적으로 듣는 강연 형태 외에 소통할 수 있는 커뮤니티는 없을까? 내가 알기론 서로 바로 연결되어 이야기를 나눌 수 있는 적절한 공간이 있지는 않다. 소규모로 운영되는 커뮤니티는 존재하지만 주로 지인들끼리 운영되는 실정이다. 또 그마저도 현업에서 기획자로 업무하는 사람들을 대상으로 하는 경우가 대부분이다. 게임 기획자들끼리 모여 지식을 공유할 수 있는 공간을 만들어 보자는 시도는 과거부터 지금까지 계속해서 시도되고 있지만 아직 정착되었다고 이야기할 수 있을 만한 커뮤니티는 없는 상황이다.

이러한 커뮤니티를 대체할 수 있는 공간으로 인디게임 모임이 있다. 인디게임 전시회에 참여하면 게임을 개발한 개발자들과 직접 만나 이야기해 볼 수 있는 기회가 주어지고, 그 외에도 사람들이 모여 정해진 시간 동안 게임을 제작하는 게임 잼(Game Jam)과 같은 행사에 참여하기도 하면서 게임 개발에 열정을 갖고 있는 사람들과 대화를 나눌 수 있기도 하다. 물론 그 속에서는 본인이 전문가가 아니더라도 열정적으로 게임을 개발하는 1인으로 활동해야 한다.

게임 회사
취업하기

　여름이 지나가고 해가 짧아지는 시기에 게임 기획자로 취업을 하기 위한 본격적인 준비가 시작됐다. 아카데미 과정이 마지막에 가까워지면서 다음 진로에 대해 진지하게 생각해야 하는 시기가 온 것이다. 여기서 마무리하지 않고 학업을 이어하거나 창업을 계획하는 등의 취업 외에 선택지도 있었겠지만 당시의 나는 이유는 명확히 기억나지 않지만 무엇보다 취업을 우선시 했었다. 취업을 하기 위한 첫 준비로 내가 기획자가 되기 위한 조건을 충분히 충족하고 있다는 내용을 설명해야 했는데 만족할 만한 내용을 채워 넣는 것이 쉽지 않았다. 내가 한 명의 기획자가 될 자격이 어느 정도 충족되었는지를 확인할 수 있는 확실한 기준이 있었다면 조금은 편하게 준비했겠지만, 확실한 답이 있는 문제는 푸는 것이 아니다 보니 나름의 답을 찾는데 어려움을 겪었다. 잘하고 있는 것이 무엇인지, 어떤 부분이 부족하여 준비를 해야할 지가 눈에 보이지 않았고 이런 혼란이 반복되는 과정에서 우선 입사하고 싶은 회사가 있는지를 확인하고 그 회사가 원하는 인재상에 대한 준비를 하는 방법으로 방향을 선회했다.

　게임 기획자로 자격이 있는지를 돌아보는 것도 중요하지만 실질적인 취업을 위해서는 게임 개발을 하고 싶은 회사를 찾아보고 개발하고 싶은 게임의 개발 팀을 목표로 필요한 것을 준비해야 한다. 그렇다면 어떤 기준으로 회사를 선택해야 할까? 나에게 맞을 것 같은 회사를 올바르게 선택하기 위해서는 국내 게임 개발 회사들이 어떤 게임을 개발하고 있는지를 먼저 알아둘 필요가 있다.

이미 시장에 나와 사람들이 즐기고 있는 게임은 정보를 쉽게 찾아볼 수 있지만 각 회사에서 진행하고 있는 개발 단계의 게임은 정보를 확인하기 어려운 경우가 많다. 주로 각 개발 회사 홈페이지에서 확인할 수 있는 채용 공고를 통해 어떤 게임 프로젝트가 진행되고 있는지 유추할 수 있다. 나는 게임 개발자를 모집하는 사이트 등을 찾아보기도 했다. 취업을 하겠다고 생각은 했지만 막상 어떤 게임을 개발하는 곳을 목표로 잡아야 할지 기준을 잡을 수 없었다. 내가 어떤 게임 개발을 선호하는지도 기준이 확립되어 있지 않았고 어떤 기획 업무가 내게 적합한지도 설명할 수 있는 수준이 아니었다. 그래서 채용 공고에 올라온 수많은 회사들을 모두 목표로 잡고 준비해야 할 것만 같았다. 그러던 중에 당시 아카데미에서 진행된 취업설명회에 참관하면서 좋은 기회를 맞이할 수 있었다. 아카데미 주최로 취업 시즌에 맞춰서 몇몇 게임 회사의 인사 담당자 혹은 개발자 분들이 아카데미에 오셔서 회사 및 개발하는 프로젝트에 대해 소개하는 시간을 마련한 것이다. 회사에 대한 설명 뿐만 아니라 인재를 채용하고 있는 개발 팀, 직무 분야 등에 대해 추가적인 설명도 덧붙여졌다. 내 기억에 당시 중견 기업이라 부를 수 있는 회사에서 특히 많은 관심을 갖고 참석했고 그 외에도 다양한 회사에서 방문했기 때문에 어떤 회사가 올지 매일매일 기대했다. 나는 그때까지도 '어떤 회사에 개발자로 취업하고 싶다!'라는 생각이 없었던 때라 취업 때문에 기대했다기보다는 게임 개발자 분들과 만날 수 있다는 것이 신기했고 게임 회사에 대해 설명을 듣는 것 만으로도 흔지 않은 기회라 생각했다. 마치 연예인의 삶을 엿본 것만 같았다.

그렇게 마냥 시간이 흘러가며 여러 회사들의 채용 설명회가 이어지던 중 낯설지 않은 회사가 다음으로 방문한다는 소식을 들었다. 회사에 대해서는 잘 아는 것은 아니었지만 해당 회사의 게임을 자주 즐겼던 터라 더 기대감을 가득안고 설명회에 참석했다. 여느 때와 같이 회사 설명이 끝난 이후 개발자를 채용하고 있다는 프로젝트의 게임 영상을 보여 주었는데, 그 때 처음으로 공개하는 프로젝트라고 소개한 게임의 영상은 2분 정도의 짧은 영상이었지만 빠져들기엔 충분했다. 설명회가 끝난 이후에도 하루 종일 영상의 매 장면이 머릿속에서 떠나지 않았다.

그렇게 개발 중인 게임의 영상 하나로 내 목표는 명확해졌다. 그 후로 다른 곳에서도 영상의 프로젝트에 대한 정보들을 조금씩 모을 수 있었고 오직 한 곳을 위한 이력서와 포트폴리오를 준비하게 됐다. 이력서 형식이 정해져 있는 회사들이 대부분이지만 별도의 형식을 제공하지 않는 회사의 경우에는 이력서를 만드는 것도 실력의 하나로 평가받는 경우가 종종 있다. 그 당시에는 이력서를 별도로 만들어 제출해야 했고, 이력서에는 자기소개서가 같이 포함되어 있었다. 이력서는 지금까지 내가 거쳐 왔던 과정을 적으면 됐지만 자기소개서는 어떤 것을 적어야 할지 망설여졌다. 어떤 내용을 쓰면 좋을까 고민을 거듭하다 나나름대로 보여 주고 싶은 단어를 주제로 뽑아 정리해 보기로 했다. 그렇게 뽑게 된 첫 단어는 '열정'이었다. 신입이라면 자기소개서에 빠질 수 없는 단어가 '열정'이 아니겠는가.

이력서와 더불어 제출해야 하는 것은 포트폴리오다. 포트폴리오는 게임 회사에 취업하고자 한다면 필수로 준비해야 하는 항목이다. 아는 게임 개발과 관련한 범주 내에서 자신이 어떤 일을 할 수 있는 사람인지, 어떤 일을 했었던 사람인지에 대해 기술 혹은 경험을 정리해 놓은 자료다. 내용과 형태가 사람마다 천차만별인 항목이기도 하다. 그래픽 디자이너(아티스트) 직군은 자신이 만든 결과물(원화, 3D 모델 등)을 중심으로 만들고 프로그래머는 자신이 사용할 수 있는 컴퓨터 언어, 참여했던 프로젝트와 구현했던 작업들을 중심으로 세세하게 정리한 것을 포트폴리오로 만든다.

게임 기획자는 무엇을 포트폴리오로 준비할 수 있을까? 내가 가지고 있는 자료는 그전 프로젝트를 진행하며 작성했던 기획서가 대부분이었다. 다행인 것은 그간 프로젝트 진행에 썼던 발표 자료를 어느 정도 만들어서 정리해 놓았기 때문에 이를 포트폴리오로 쓸 수 있을 것 같았다. 물론 작성한 그대로 낼 수는 없었다. 기획서는 너무 예전에 작성된 내용이었고 장황하게 분량만 많은 문서라 생각만큼 포트폴리오로 넣을만한 자료가 많지 않았다. 그간 해왔던 것들을 차근히 정리해 전달해야겠다는 생각을 했다. 마지막 프로젝트를 진행하며 기획자의 역할로 가장 많이 사용했던 워드(Word), 엑셀(Excel), 파워포인트(Powerpoint)에서 작성한 문서를 하나씩 뽑아 정리하여 포트폴리오로 사용하기로 결정했다. 워드는 작성했던 기획문서를 하나의 파일로 묶어 담았고, 엑셀은 전투 시뮬레이션 겸 게임 데이터(DB)로 활용했던 파일을 그리고 파워포인트는 그 프로젝트를 소개하기 위해 마지막에 만들었던 발표 자료를 활용하기로 했다. 그렇게 탄생한 포트폴리오가 훌륭한 결과물인지 판단할 생각도 않고 그저 포트폴리오라는 것을 준비했다는 기쁨에 취해 정신을 차려 보니 이미 지원을 하고 난 이후였다. 오직 한 곳만 바라보며 지원했기에 마지막 벼랑에 서 있는 것처럼 긴장이 됐다. 내가 어떤 사람으로 보여질까? 그 팀에서는 어떤 사람들을 필요할까? 등의 생각으로 머릿속이 가득 찼다.

지원 과정에서 몇 번이나 지원한 프로젝트에 직접적으로 관심을 표현하기도 했었다. 취업 설명회에 오셨던 직원 분을 통해 궁금한 점을 메일로 여쭤보기도 했었고, 지원 후에도 2~3번 정도 지원 경과에 대한 궁금증이나 관심을 표했다. 이런 태도가 맞는 것인지는 모른다. 아마 사람들의 성향에 따라 이점이 될 수도 있고 때로는 감점 요소가 될 수도 있다. 운이 좋게 관심의 표현이 이점으로 작용했는지 서류가 통과됐다는 소식을 받았고 이어서 면접 날짜를 잡았다.

기쁨도 잠시, 면접도 어떻게 준비해야 할지 막막했지만 서류 심사 때의 만큼의 불안감이 올라오지는 않았다. 면접을 준비하면서는 게임 업계와 관련된 뉴스를 관심 있게 보며, 내가 지원한 회사의 게임과 최신 게임을 플레이해 보며 시간을 보냈다. 그렇게 면접이 시작됐고 자기소개를 시작으로 면접관들의 질문 공세가 이어졌다. 신입 면접이었기 때문이었는지 질문의 내용은 전문적인 내용 보다는 평소 게임에 대해 생각하고 있는 것들을 물어보는 질문이 대부분이었다. 또한 이력서 내용이 어디부터 어디까지가 사실인지 이력서 내에 부족한 설명 중 궁금했던 것들에 대한 질문으로 이어졌다. 그렇게 연말 첫 면접을 마무리 하고 한 주 정도 지났을 무렵, 아카데미를 같이 보냈던 분들과 마지막 저녁 식사를 하던 차에 나의 최신 2G 폴더폰으로 합격 문자가 날아왔다. 연락을 받은 시간이나 분위기 그리고 장소까지 기쁨이 배가 되기에 충분했다. 합격했다는 그 자체만으로도 너무나 기뻐 부모님께 전화를 걸었다. 크리스마스가 지나고 26일, 내 인생의 첫 회사로 출근을 했다. 그렇게 나는 게임 기획자가 되었다.

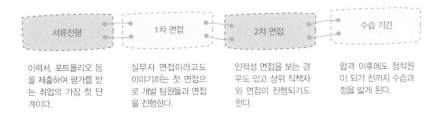

서류전형	1차 면접	2차 면접	수습 기간
이력서, 포트폴리오 등을 제출하여 평가를 받는 취업의 가장 첫 단계이다.	실무자 면접이라고도 이야기하는 첫 면접으로 개발 팀원들과 면접을 진행한다.	인적성 면접을 보는 경우도 있고 상위 직책자와 면접이 진행되기도 한다.	합격 이후에도 정직원이 되기 전까지 수습과정을 밟게 된다.

· 게임 회사에 입사할 때 가장 많이 경험할 수 있는 취업 과정으로 생각해 볼 수 있다.
  일반적이라고 이야기를 할 수 있었지만 회사에 따라 과제를 진행하거나 3차, 4차까지 추가 면접을 진행하는 경우도 있으니 잘 확인하는 것이 좋다.

Q & A

게임 업계는
인턴 과정이 필수인가요?

인턴 과정이 필수는 아니다. 인턴 과정이 있으면 취업을 하는데 이점이 있는 것은 맞지만 인턴 그 자체보다 인턴 과정을 통해 업무적으로 학습하게 되는 내용이 많다고 생각하면 좋다. 불과 몇 년 전까지만 해도 인턴으로 경험할 수 있는 기회는 거의 없었는데, 근래에 들어 많은 회사들이 인턴 프로그램을 만들며 인턴으로 게임 업계에 입문하는 사람들이 늘어나고 있다. 팀 동료로 들어온 사람들 중에도 인턴 과정을 통해 들어온 직원들이 꽤 많아졌다. 그만큼 인턴 프로그램의 영향력이 점차 커지고 있다고 체감하고 있다. 인턴 과정을 통해서는 게임 회사에 취업할 수 있는 기회를 얻을 수 있기에 기회가 있다면 참여하길 강력 추천한다.

그렇다면 인턴을 선택할 때 어떤 점들을 고려해야 할까? 당연한 이야기지만 본인이 관심있는 회사에서 진행하는 인턴 프로그램을 우선적으로 찾아봐야 한다. 자발적인 의욕을 가지고 업무에 임할 수 있고 지원할 회사의 분위기나 업무를 미리 체험할 수 있다는 점이 가장 큰 이점이다. 인턴 기간은 너무 짧지 않은 것이 좋지만 반대로 너무 긴 것도 부담될 수 있다. 애초에 인턴 업무의 비중이 크지 않기 때문에 기간이 짧다면 정말 분위기 파악 정도에서 끝날 우려가 있다. 이 정도는 인턴을 경험했다고는 하지만 실제로 얻은 것이 없다고 생각하는 경우가 많다. 보통 3개월 정도는 짧다고 이야기할 수 있고 긴 것은 1년 정도다. 개발 팀에서 인턴이 1년 넘는 시간 동안 함께 근무한다는 것은 어색한 일이다. 학생 신분으로 인턴에 참여하거나 중간에 인턴 기간을 연장하는 등의 이슈로 1년이 넘는 시간 동안 개발 팀에서 인턴으로 근무하는 경우가 있지만 처음부터 1년 넘는 긴 기간을 인턴으로 잡는 경우는 거의 없다. 만약 있다면 지원을 고민해 보는 것이 좋다. 취업을 하는 것과 동일하게 인턴을 시작했다면 중간에 그만두려고 했을 때 개인적인 손해를 감수해야 하는 상황이 발생할 수 있다. 그렇기 때문에 개인적으로는 6~8개월 정도가 적당한 기간이라 생각한다.

또한 게임 기획자가 되고 싶다고 해서 무조건 게임 기획자 인턴만 해야 하는 것은 아니다. 물론 본인이 꿈꾸는 직군의 인턴이 1지망이겠지만 가지고 있는 스킬셋(능력)이 조건에 충족된다면 다른 직군의 인턴을 경험해 보는 것도 이후 기획자로 일하는데 많은 도움을 받을 수 있다. 특히 게임 기획자로 이미 인턴 경험이 있더라도 또 다른 직군의 인턴 기회가 생긴다면 눈을 돌려 보는 것도 추천한다. 단, 이 경우 기간을 너무 여유롭게 계획하지는 않았으면 좋겠다. 우리의 목표는 멋진 게임 기획자가 되는 것이니 말이다. 또한 다른 직군의 인턴을 경험해 보며 내게 맞는 적성이 다른 직군일 수 있다는 것도 발견할 가능성이 있다. 하지만 인턴 생활은 지원한 직군의 직무를 배우는 것도 있지만 게임 회사를 경험한다는 성격이 강하다. 그렇기에 적성을 확인하고자 모든 직군의 인턴 생활을 할 필요는 없다. 인턴 생활을 하며 배우는 것은 직군 상관없이 많은 부분이 겹치기 때문이다. 그렇기에 모든 직군의 인턴을 경험하지 않더라도 자신의 적성이 맞는지 아닌지 정도는 확인할 수 있다.

지금까지 회사와 기간을 고려해 보았다면 개발 팀에 대해 생각해 보자. 인턴으로 특정 개발 팀을 선택하고 싶을 수도 있다. 하지만 인턴에게 개발 팀을 선택할 수 있는 권한은 거의 주어지지 않는다. 그렇기에 내가 원하는 팀이 아니더라도 인턴으로 개발에 참여해야 하는 경우가 많다. 그렇지만 내가 참여하고 싶은 개발 팀과는 업무 자체는 크게 차이가 없다고 생각하면 좋다.

추가적으로 팀의 상황에 따라 어떤 업무에 관심을 두어 집중해야 할지 생각해 볼 필요가 있다. 게임 개발 팀은 크게는 새로운 게임을 개발하는 신규 개발 팀과 서비스를 하는 라이브 팀으로 구분할 수 있다. 신규 개발 팀에서는 다양한 시행착오가 이뤄진다. 그 때문에 체계적인 업무 프로세스를 배우기보다는 아이디어가 어떻게 결정되고 다듬어 가는지를 유심히 지켜보는 것이 좋다. 아이디어가 결정되기까지 성공과 실패 과정을 주의 깊게 살펴본다면, 어떤 방향으로 그 다음을 결정해가고 업무 지시가 이뤄지는 지에 대해 조금이나마 알 수 있게 된다. 이미 시장에서 평가 받는 라이브 게임 개발 팀에 들어갔을 경우엔 게임을 즐기는 유저들에 따라 어떻게 기획을 고민하는지와 발견된 문제점을 어떻게 보완해 가는지의 과정이 주된 기획 이슈가 된다. 추가적으로 개발 진행 프로세스가 어느 정도 확립되어 있기 때문에 효율적인 개발 방법에 대해서도 배울 수 있다. 어느 회사에 인턴으로 들어가려 하는지 그리고 인턴이 되어서도 어떤 환경으로 인턴 과정을 지낼 수 있는 기회가 있는지에 따라 내가 원하는 것과 동시에 얻을 수 있는 경험을 최대한 이끌어 낼 수 있도록 노력하는 것이 중요하다.

Q&A

취업을 준비하는 데
일반 회사와는 어떤 차이가 있나요?

일반 회사 취업을 준비하는 것과 크게 차이가 난다고는 이야기하기 어렵다. 하지만 인재를 채용할 때 기본적으로 회사 측에서 바라보는 관점에는 많은 차이가 있다. 우선 게임 업계에서 대부분 대기업이라고 생각되는 회사들도 우리가 일반적으로 알고 있는 대기업의 채용 방식보다는 중소기업의 채용 방식에 가깝다. 즉 상시 채용의 비중이 높다. 주기적으로 매년 공개 채용을 진행하기도 하지만 수시로 채용하는 인원이 압도적이다. 게임 업계 자체가 이직률이 높은 업계여서 개발자 사이에 수시로 이직이 이뤄지고 있다 보니 만들어진 구조라 생각한다. 하지만 신입의 경우도 동일하게 수시 채용을 고려할 수 있다. 이 점이 우리가 생각하는 일반적인 기업의 채용 방식과는 다른 가장 큰 차이점이라고 생각할 수 있다.

이력서나 포트폴리오에서도 준비하는 내용이 조금 다르다. 일반 기업에서는 다양한 경험이 이력서에 스펙으로 작용할 수 있지만(해외 경험, 봉사 활동, 기타 어학 등) 게임 업계에서는 그것이 큰 비중을 가지지는 않는다. 가산점이 있을 수는 있으나 먼저는 다른 기본적인 요건이다. 더불어 거쳐 온 학력에 대해서도 점수의 영향이 적다. 좋은 대학으로 진학한 것이 서류 심사에서 추가 점수를 받는 경우가 전혀 없다고 말할 수는 없겠지만, 정말 중요하게 생각하지 않는 회사가 많고 학력에 따라 점수가 감점되는 경우는 없다고

생각하면 될 것 같다. 그렇기에 본인이 대학교에서 게임 개발과 전혀 관계없는 학과를 전공했다고 하더라도 문제 삼는 경우는 없다. 오히려 특별한 학과를 진학하여 게임 업계까지 온 경우 평가에서 가산점을 받는 경우도 생길 수 있다.

게임 업계의 경우 포트폴리오가 더 중요하다. 일반 기업에서는 그렇지 않은 경우가 많겠지만 게임 업계에서는 게임 개발과 관련된 포트폴리오가 있어야 한다. 게임 기획자의 경우엔 게임과 관련된 결과물이 있는지를 관심 있게 본다. 그렇기에 작성한 게임 기획서나 게임과 관련된 활동이나 게임 분야의 콘텐츠로 제작한 결과물이 있는지를 중심으로 포트폴리오를 작성해야 한다. 그렇기 때문에 게임 업계에 지원할 때에는 이력서보다 포트폴리오에 주안점을 두고 준비하는 것이 좋다.

일반 기업에서는 면접을 진행할 때 다수의 지원자가 들어가 공식적인 질문을 받는 경우가 많다. 하지만 게임 업계에서는 주로 혼자서 다수의 개발자들에게 면접을 보게 되는 경우가 대부분이다. 질문도 각 지원자에 맞춰 조금씩 변형한다. 외국어 면접이나 시사 상식, 창의적인 답변을 요구하는 질문보다는 대부분이 게임 개발과 관련된 생각이나 지식을 물어본다. 게임 기획자에 대해서는 게임 자체에 대해 물어보는 경우가 많다. 이는 지원자가 평소 게임에 대해 어떤 생각을 하고 즐기는지에 대해 파악해 보려는 의도다.

그렇다면 이와 같은 면접은 어떻게 준비하는 것이 좋을까? 누군가에게는 이런 과정이 좋은 시험 성적을 얻거나 상식을 외우는 것보다 어렵게 느껴질 수도 있을 것 같다. 단기간 내에 게임에 대해서 공부를 한다고 해도 면접자들은 금방 그를 알아챌 수 있기 때문이다. (물론 게임을 공부한다는 말이 이상하기는 하다.) 이는 우리가 평소에 자연스레 뉴스를 접하게 되고 상식을 알아가듯이 게임도 평소에 즐기며 사람들이 좋아하는 게임의 흐름이 어떻게 변화하는지, 스스로 어떤 게임을 좋아하는지 등을 체감하며 알아 두는 것이 좋다. 더불어 게임 기획자를 준비한다면 게임을 단순히 많이 하기보다 다양한 게임을 즐기고 그에 관심을 가지는 것에 초점을 맞추길 바란다.

3

게임 기획자로 살아가기

실전 기획자
엿보기

　크리스마스가 끝나고 새해가 찾아오기 전 조용한 겨울 아침, 나는 첫 출근을 했다. 사회생활의 첫 발걸음을 강남 빌딩들 사이에서 내딛는 기분은 꽤나 그럴 듯 했다. 첫 출근하는 회사 빌딩에 들어서자 엘리베이터 앞에 자연스럽게 서 있는 사람들이 보였고 나는 사람들을 지나 맨 뒤에서 엘리베이터를 기다렸다. 엘리베이터를 타고 올라가자 회사 안내를 도와주시는 분에게 신입 사원 교육을 받는 곳으로 안내를 받았다. 교육 장소에는 같은 날짜에 처음 출근하시는 몇몇 분들이 이미 와서 자리를 잡고 앉아 있었고 교육 시간까지 그렇게 침묵이 흘렀다. 흔히 입사 동기라고 불릴 수 있는 사람들이었지만 교육이 시작되기 전까지는 서로 대화도 없이 조용하게 시간만 흘렀다. 신입 사원 교육은 회사 소개와 시설 및 복지, 근무하고 있는 직원들에 대한 설명 그 외에 질의응답 시간 순으로 흘러갔고 교육이 끝나자 각자 소속되어 있는 팀으로 별도 안내를 받았다. 인솔자 분을 따라 다시 엘리베이터를 타고 이동했고 내가 처음으로 게임을 개발하게 될 팀이 위치한 곳까지 안내를 받았다.

　처음 들어선 사무실의 첫 인상은 매우 조용했다. 게임을 개발하는 공간이라는 느낌이 강하게 드는 무언가는 없었다. 얼핏 보기에도 꽤 많은 사람들이 각자의 자리에서 일을 하고 있었지만 어찌된 일인지 사람들이 가득한 사무실에는 정적만 감돌았다. 조용한 분위기에 똑같은 책상이 나란히 붙어 있는 모습은 독서실과 다를 바 없었다. 자리에 앉아 설명을 들으며 업무할 수 있는 환경을 준비했고 다른 팀원 분들에게 인사를 마치며 첫 출근에 해야 할 일을 모두 완수했다. 다행스러운 것은 내가 느꼈던 팀의 첫 인상과 다르게 실제 분위기는 밝았다는 점이다. 나에게 이 회사가 게임 개발에 참여할 수 있는 첫 회사로 잘 맞는다는 것을 깨닫는 데에는 오랜 시간이 걸리지 않았다.

물론 게임을 개발하는데 어떤 분위기가 좋다고 단정할 수는 없다. 개발을 진행하다 보면 본인에게 잘 맞는 팀의 분위기가 어떤 것인지 각자 알 수 있다. 각자 성향에 따라 분위기를 크게 신경 쓰지 않는 사람부터 굉장히 사소한 것 까지 신경 쓰는 사람들이 있기 때문에 누군가에게는 이 분위기가 크게 중요하지 않을 수 있다. 그럼에도 분위기를 이야기하는 것은, 게임 회사 개발 팀마다 분위기가 너무 다르다 보니 신입이 아닌 경우에도 다른 팀이나 회사로 이직을 했을 때 적응을 못하는 경우가 적지 않기 때문이다.

게임 개발에서 분위기라는 것은 소속되어 있는 사람들로 인해 만들어지는 것이 대부분이다. 본인의 성향과 전혀 다르다고 하더라도 혼자서는 분위기를 바꿀 수 없기에 순응하며 지내는 경우가 많고 업무 효율을 높이기 위해 자신을 변화시키려는 시도를 하는 사람들도 볼 수 있다. 팀의 분위기가 자신과 맞지 않다고 판단된다면 이직을 결정할 수도 있다. 옮기려는 팀이 자신에게 맞는 팀인지는 사전에 확인해 볼 수 있다면 얼마나 좋겠는가. 하지만 대부분의 경우 '처음 취직하고자 하는 회사의 분위기를 파악을 할 수 있겠는가'라는 물음에 긍정적으로 답변을 하기 어렵다. 만약에라도 확인할 수 있는 방법이 있다고 한다면 그를 백분 활용하는 것을 추천한다. 이처럼 회사의 일반적 사항 외에 팀의 분위기는 미리 알기 어렵다. 물론 나 또한 첫 회사를 선택할 때 팀 분위기가 아닌 어떤 게임을 개발하고 싶은지가 중요한 기준이었다. 분위기를 확인할 수 있는 방법이 없기도 했지만 말이다. 애초에 각자가 갖고 있는 성향과 잘 맞는 회사를 들어간다면 운이 좋은 것이다.

처음 신입으로 게임 회사에 취업을 할 때는 분위기까지 따질 필요는 없다. 내가 개발하고 싶은 팀, 내가 선호하는 회사를 우선적으로 보는 것이 백 번 옳다. 즉 처음에는 나와 맞는 분위기라는 것은 없다고 생각하는 것이 차라리 마음이 편하다. 또한 내가 가지게 되는 '분위기'는 내가 처음 속한 개발 팀에 의해 대부분 만들어진다고 생각해도 좋다.

어느 업계나 첫 직장을 굉장히 중요하게 본다는 것은 동일하다. 게임 업계도 마찬가지로 첫 직장(회사)이 굉장히 중요하다. 처음 취업을 준비하는 사람들에게 꼭 하고 싶은 이야기를 뽑아 보라 한다면, "첫 직장이 게임 개발자의 커리어에 굉장히 중요한 역할을 하므로 첫 직장에서 개발하게 될 프로젝트에 최소 2년 이상의 시간을 투자하도록 하자"라는 말로 이어갈 것이다. 이는 게임 개발자로 경력을 쌓아가는데 첫 직장이 미치는 영향이 다방면으로 굉장히 크다는 것을 의미한다. 처음으로 경험하는 개발 팀은 본인의 개발 성향이나 습관 등에도 매우 큰 영향을 끼친다. 내가 첫 회사에 입사했을 때는 마냥 순수하게 게임을 개발할 수 있다는 생각만으로 가득 차 있어서 내가 어떤 영향을 받고 있는지 판단을 할 겨를이 없었다. (물론 설사 알았다고 해도 별 신경을 쓰지 않았을 테지만……) 입사 후 몇 개월 동안 개발 환경 설정이나 문서를 작성하는 방법 그리고 팀원들끼리 일을 하는 방식 등 하나부터 열까지 나의 방식 보다는 팀의 방식을 따라가기 위해 노력했다. 다른 회사, 다른 팀으로 이동하게 됐을 때는 서로 다른 형태의 개발 방식을 갖고 있어 적응을 위해 그들만의 방법을 다시 학습해야 했지만 첫 회사의 업무 형태는 항상 변화를 위한 노력에 참견을 하게 된다.

정말 원하던 개발 팀에 참여하게 된 후 두근거리는 일이 기다리고 있었다. 개발이 진행되면서 작성되어 있는 기획서를 전달 받은 일이다. 이튿날부터 이전에 작성된 기획서를 보물찾기 하듯이 흩어진 폴더를 뒤져가며 날짜 순서대로 읽어 내려가기 시작했다. 문서를 시간 순으로 읽는 것만으로도 게임이 개발되고 있는 느낌을 받기에 충분했고 게임이 만들어지고 있는 과정을 본다는 것이 매우 흥미로웠다. 마치 초콜릿 공장에서 완성된 초콜릿의 모습을 상상하며 시간 가는 줄 모르고 컨베이어 벨트에서 지나가는 초콜릿을 보고 있는 것과 다르지 않았다. 지나간 과정을 보며 즐거운 상상을 하다가 문득 옆 자리에 앉아 있던 개발 총괄 PD님께 질문을 했다.

"이 프로젝트는 어떻게 개발을 시작하게 되었나요?"

그러자 짤막한 영상을 하나 보여 주셨는데, 그 영상은 제안 단계에서 만들고자 했던 게임을 회사에 제안하기 위해 사용했던 영상이었다. 플레이를 할 수 있는 게임의 형태는 아니지만 어떤 게임이 될지 글보다 머릿속에 더 잘 들어왔다. 이처럼 게임을 처음 개발할 때 제안서의 형태는 굉장히 다양한 방식으로 만들어진다. 그중에서도 영상이 가장 높은 전달력을 갖고 있음이 분명하다. (물론 영상의 경우 제작에 필요한 비용이 크기 때문에 만들지 못하는 경우가 많다.) 그 외에도 한 장의 그림이나 간략한 이야기, 발표용 PPT 자료들이 제안 시 사용된다. 잘 만들어진 제안서를 보며 미래의 언젠가 제안을 하게 될 날을 상상하다 지금 당장의 신입으로서의 본분에 충실해야함을 깨닫고 이내 현실로 돌아왔다. 먼저 바람직한 신입의 자세는 당면한 과제에 대해 잘 확인하고 준비하는 것이었다. 과제는 수습 기간 동안 주어진다.

　경력자이건 신입이건 회사라는 조직에 처음 소속되면 무조건 겪어야 하는 과정으로 수습 기간이 존재한다. 수습 기간은 보통 3개월 정도이고 길게는 6개월까지 진행하는 경우도 있다. 경력자들에게는 자신이 해 왔던 일을 그대로 하면 자연스럽게 지나가는 기간인 반면 신입에게는 수습 기간은 말 그대로 평가를 받는 기간이다. 수습 기간을 잘 보내지 못한다면 다시 취업 준비생으로 돌아가 버릴 수도 있다. 평가를 하는 방법은 팀마다 차이가 있을 수 있지만 보통 공통적으로 과제를 부여받는다.

　내 경우에는 수습 기간 동안 하나의 기획을 맡게 되었는데 기획한 내용이 구현까지 이어져서 게임에 적용되는지는 알 수 없었다. 하지만 개발에 적용이 되는지 여부는 중요하지 않았고 개발이 진행된다는 상상을 하며 기획서를 작성해야 했다. 당시엔 과제를 받고 나서 출근을 하면 오로지 기획서를 작성하는 것이 업무의 시작과 끝이었다. 초기 기획서 완성까지는 일주일이라는 기한을 받았다. 그 이후 나름대로 완성된 형태의 기획서를 목표로 보완을 해 나갔다. 물론 오롯이 기획서만 작성할 수 있는 시간은 없었다. 의사소통을 위한 팀원들의 얼굴과 이름을 외우고 개발하는 게임에 익숙해지기 위해서 필요한 테스트에 참여하는 등 각종 기획 회의에 참여하여 논의 중인 이슈와 의견을 제시하는 업무도 함께 수행해야 했다. 추가로 팀 행사를 준비하고 참여하는 시간도 필요했다. 내가 경험했던 업무를 모든 신입의 경험에 공통적으로 대입할 수 없고 당연히 팀에 따라 무언가가 더 추가되거나 간소화 될 수도 있지만 신입 기획자에게 주어지는 일들이 보통은 이렇다는 정도로 생각해 볼 수 있다.

첫 업무로 나에게 주어졌던 과제는 주마다 진행 상황을 체크하고 피드백을 제공받는 방법으로 진행됐다. 이는 대략 한 달간 진행이 되었고 과제를 진행하면서 팀에서 기획서를 어떤 방식으로 작성하는지를 파악하고 각 기획자들이 어떤 업무를 분담하여 맡고 있는지 등을 확인할 수 있는 시간이었다. 과제가 마무리되자 결과물을 기획 팀 내부에 공유하고 실제 개발에 들어갈 기획 업무로 업무가 전환되었다. 이때에는 다른 기획자분이 진행하던 기획 중에서 작업 시간이 부족하여 기한 내에 완료가 힘든 일들을 분담하는 형태로 업무가 주어졌다. 신입 사원에게 기획 업무를 맡길 때는 처음부터 고민이 필요한 새로운 기획보다 어느 정도 진행된 기획 일감 중에 인수인계할 수 있는 업무가 있다면 우선적으로 넘기는 편이다. 일정 수준의 고민이 쌓여 진행된 기획은 진행된 과정을 파악하고 그 방향에 맞춰서 연장선을 긋는 것에만 집중을 하면 되기에 비교적 업무 적응도를 빠르게 올리기에 적합한 업무로 볼 수 있다.

만약에 기획을 처음부터 해야 한다면 고려할 것이 한두 개가 아니다. 굉장히 많은 대화와 시간을 소비해서 기획의 방향이 올바른지 확인해야 한다. 이는 단순히 나의 시간만 소비 하면 되는 것이 아니라 확인해 주는 상급자의 시간 또한 동일하게 소비하는 일이다.

　신입 사원 때에는 주어진 일 외에 이것저것 뒤적거리곤 했는데 팀원들이 다 같이 사용하는 공용 폴더에 들어가 다른 팀원 분들의 작업물을 살펴보는 것이 그것이었다. 첫 입사했을 당시만 해도 팀원들끼리 소통을 할 수 있는 도구가 마련되어 있지 않았고 직접 대화를 하거나 각자 작업한 결과물들은 대부분 공용 폴더에 정리를 해 놓는 방식을 사용했다. 공용 폴더는 누군가의 허락을 받거나 물어보지 않아도 혼자서 쉽게 접근할 수 있었기에 팀원이 어떤 작업을 하고 있고 새롭게 추가된 것이 있는지 매일매일 확인할 수 있었다. 새로 작성된 기획 문서들도 읽어보고 그래픽 작업물을 찾아보면서 어떤 캐릭터가 들어가고 배경은 어떤 방향으로 진행되고 있는지 등을 살펴볼 수 있었다. 이와 같이 호기심에 보기 시작했던 일이 간접적으로 팀에서 추구하는 게임의 스타일에 대해 파악할 수 있게 되는 일이 되었다. 때문에 나는 여유가 있을 때마다 작업물을 확인하곤 했다. 최근 회사에는 사내에서만 접속할 수 있는 네이버와 같은 검색용 웹 페이지가 있거나 팀원들끼리만 온라인 대화를 할 수 있는 공간이 따로 마련되어 있어서 회사나 혹은 팀에 대해 궁금한 것이 있을 경우 소통을 할 수 있는 공간이 잘 마련되어 있는 편이다.

　과제를 하고 개발 상황 파악을 하다보면 수습 기간 3개월은 빛의 속도처럼 빠르게 지나간다. 이때는 입사한 이후 팀에 기여한 바가 아무것도 없는 시기여서 심적으로 엄청난 부담감을 느낄 수 있는 기간이기도 하다. 하지만 정작 팀원들은 크게 신경 쓰지 않을 것이니 괜히 쓸데없는 부담감은 가질 필요가 없다. 물론 보통 3개월 동안 진행되는 수습 기간이 개발 팀의 필요에 따라 추가로 진행되는 경우도 있음을 유의해야 한다.

수습 기간을 잘 보냈다면 정직원으로서의 생활이 시작된다. 수습 기간 동안은 회사의 정직원이 아닌 것이다. 하지만 정직원이 되었다고 하더라도 진행하고 있는 일이나 환경이 크게 바뀌는 경우는 없다. 어제 하고 있던 일을 계속해서 잘 진행해야 한다. 갑자기 "이제 정직원이 됐으니 정식으로 막중한 일을 주겠습니다"와 같은 일은 일어나지 않는다. 수습 기간이 끝났다고 하더라도 신입사원 타이틀은 계속해서 가지고 가야 한다.

나이에 대한 이야기도 빼 놓을 수 없겠다. 지금은 나이가 어린 경우에도 게임 회사에 바로 취업하는 사례가 많아졌지만 내가 처음 입사했을 시절에는 나와 비슷한 나이 또래를 찾기가 쉽지 않았다. 오죽했으면 입사 후 3년 동안 전사를 통틀어 막내를 벗어나지 못했다. 막내였다고는 하나 게임 회사에서 막내는 특별한 대상은 아니다. 나 역시 막내로서 지냈던 회사 생활이 특별하지 않았다. 막내라고 해서 손해 보는 일도 없고 반대로 이득을 받았다고 생각되는 기억 또한 많지 않다. 각자 거쳐 온 교육 과정도 모두 다르고 환경에 따라 집중할 수 있는 여유도 차이가 있기에 취업 시기는 자신이 회사에 잘 집중할 수 있을 때를 우선적으로 고려해 보는 것이 좋다.

게임 기획자로 개발에 참여한 시간이 2, 3년이 지나가다 보면 온전히 자신이 책임져야 할 기획을 맡게되는 경험이 반복된다. 그에 따라 기획자가 기획을 처음부터 마무리를 하기까지 어떤 일들을 해야 하는지 머릿속으로 정리해 볼 수 있다. 기획 초반에는 기획에 대한 방향을 결정하고 결정된 방향 내에서 세부 기획 내용들을 전달할 수 있는 도구로 정리하는 작업을 한다. 그렇게 정리가 마무리되면 결과물을 실제로 제작해 줄 수 있는 다른 직군의 팀원들에게 공유를 하고 설명하는 일을 하는데, 이 과정에서 방향을 결정할 때와 마찬가지로 수없이 많은 대화를 하게 된다. 그렇게 통과가 되면 개발이 진행되는 중간에 발생되는 기획의 오류나 문제들을 추가로 해결해야 하고 상황에 따라서는 동시에 새로운 기획을 시작하기도 한다. 팀의 규모에 따라 혼자서 담당해야 하는 기획의 분야가 넓어질 수도 있고 좁아질 수도 있다. 좁아지는 경우에는 비슷한 업무에서 전문성을 향상시킬 수 있는 방향을 나름대로 궁리해야 하고 반면에 담당하는 범위가 넓을 경우에는 다양한 기획 업무를 처리해야 하다 보니 진행되는 과정이 각자 달라 일의 분배를 효율적으로 할 수 있는 방법을 모색해야 하는 과제가 주어진다.

비슷한 일을 하는 기획자들끼리 모여서 이야기를 하면 업무 프로세스 상 차이가 없다고 하더라도 같이 개발을 하는 팀원들이나 개발하고 있는 게임의 형태가 다르기 때문에 실제로 경험하는 과정에서는 전혀 다른 일을 하고 있는 것으로 느껴질 때가 많다. 기획이라는 것이 A를 넣으면 항상 B가 나올 것이라 보장할 수 없고 내가 한 경험을 그대로 다른 누군가에게 전달해 주는 것 또한 어렵지만 참고할 수 있는 경험적 사례로 충분한 가치가 있다. 기획은 정해진 정답을 학습하고 적용하는 일이 아닌 주어진 상황에 적절한 경험을 만드는 일이다. 그렇기에 굉장히 많은 경험의 사례를 학습하게 된다면 기획자로서 일정 수준의 결과물을 만들어 낼 수 있을 거라 생각한다. 기회가 될 때마다 서로의 경험을 공유하는 자리가 중요하고 자신의 경험 또한 다른 사람에게 전달하여 더 오래 기억될 수 있게 해야 한다. AI가 딥 러닝을 통해 사람이 되어가는 과정처럼 기획자 또한 반복되는 경험 사이에서 전달할 수 있는 재미의 깊이가 깊어질 것이다.

Q & A

게임 기획자에 대한
편견이나 오해가 있나요?

게임 개발과 관계없는 사람들과 서로의 직업을 공개하며 대화를 했던 경험을 떠올려

보면 게임 기획자에 대해 부정적인 편견을 갖고 있는 사람은 거의 없다고 생각한다. 물

론 사소한 오해를 하는 경우는 더러 있었다. 먼저 부정적인 편견이 줄어든 이유는 요즘

엔 지하철만 가도 쉽게 게임 광고를 볼 수 있을 정도로 게임이 사람들에게 친근한 콘텐

츠가 되었기 때문이다. 그에 따라 자연스럽게 게임에 대한 관심이 예전보다 훨씬 증가

했다. 때문에 게임 기획자라는 직업으로 대화의 운을 떼우면 예상보다 큰 관심을 보인

다. 10년 전만 해도 게임 업계에서 일하는 사람들에게 어떤 일을 하냐고 물어보면 "IT

업계에서 일하고 있습니다"라고 대답하고 넘기는 경우가 적지 않았는데 지금은 대부분

"게임 개발을 하고 있어요"라고 이야기하는 것만 봐도 10년의 세월 동안 강산이 바뀐

것과 같이 많은 것이 변화한 느낌을 받을 수 있다.

이처럼 게임이 과거보다 대중적인 콘텐츠가 된 것을 맞지만 "게임 기획자가 어떤 일을

하는지 알고 계신가요?"라는 질문에 대한 답변은 딱히 변한 것 같지 않다. 게임 기획자

가 게임 개발에서 어떤 일을 하고 있는지 알고 있는 사람들은 소수일뿐더러, 알고 있다

고 하더라도 기획자의 업무 종류가 다양해지면서 대화를 하는 상대방이 알고 있는 정

보와 전혀 다른 일을 하고 있는 경우도 적지 않다. 게임 기획자라고 하면 "게임 잘하시

겠네요?"라는 질문이나 "그럼 프로그래밍(코딩)을 하시는 건가요?"와 같은 질문들을 가장 많이 받는다. 하지만 게임 기획자들이라고 게임을 잘하는 것도 아니고 (프로그래밍 능력을 갖추고 있을 수는 있지만) 실제로 프로그래밍을 해야 하는 경우는 매우 드물다고 볼 수 있다.

더불어 대중 매체에서 다루는 게임 회사의 이미지에도 현실과 큰 괴리감이 있다. 최근에 흥행한 게임 회사와 AR 기술을 다룬 드라마와 같이 게임을 소재로 하는 드라마가 점차 늘어가고 있지만, 드라마에서 그려지는 게임 회사의 이미지는 실제 일하는 실무자들이 느끼는 것과는 온도차가 심하다. 그 때문에 게임 회사를 소재로 하는 드라마를 볼 때면 흔히 의사들이 의학 드라마를 보았을 때 느껴지는 감정을 우리도 똑같이 느끼는 것일까 하는 생각이 들기도 한다. 물론 드라마 등을 통해 게임 개발자가 멋지게 그려지는 데에 불만은 없다.

Q&A

게임 기획자가 기획을 하게 되면
항상 새롭고 좋은 아이디어가 필요한가요?

앞의 내용에서는 아이어디어만 있으면 기획자가 되는 것은 아니라고 이야기했었다. 하지만 반대로 개발하는 게임에 대한 아이디어가 전혀 없이 기획을 시도하려는 것도 무모할 수 있다. 개발 과정에서 기획자에게 계속해서 좋은 아이디어를 요구하지는 않지만 언제 어디서 새로운 아이디어가 필요할지는 아무도 알 수 없기에 이에 대비해야 한다. 담당하던 기획 요소가 개발의 문제로 방향을 변경해야 한다면 또 다시 새로운 아이디어를 통해 처음부터 진행을 해야 할 수도 있다. 물론 게임 기획자라는 직업이 어느 때나 재치 있는 아이디어를 만들어 내는 사람이라는 이미지를 가지고 있긴 하다. 많은 이들에게 기획자는 항상 좋은 아이디어를 갖고 있어야 할 것 같은 사람이다. 물론 개발 진행 과정에서 회의를 참석하다 보면 주도적으로 새로운 아이디어를 제시해야 하는 경우가 빈번한 것은 사실이다. 당연히 좋은 아이디어는 게임에 직접적으로 영향을 주기 때문에 여러 사람을 통해 생산된 수백 개의 아이디어는 합쳐져 좋은 게임의 완성으로 이어지게 된다.

다만 "좋은 아이디어란 무엇일까"에 대해 한번쯤 생각해 보고 넘어갈 필요가 있다. 좋은 아이디어도 두 가지로 분류를 해 볼 수 있다. 완전 새로운 참신한 아이디어와 조건이 제한된 상황에서 필요한 적절한 아이디어가 그것이다. 두 가지 모두 기획자에게 필요한 아이디어이지만 사용 시점에 따라 쓰임새에 차이가 있다. 새로운 게임을 개발하는 등의 무언가 새로운 것을 시작하려고 할 때는 참신한 아이디어가 필요하다. 때로는 완전히 참신한 아이디어들은 일단 모아 놓고 현실적으로 사용할 수 있는 아이디어를 선별하여 조금씩 다듬어 가는 방법을 많이 사용한다. 두 번째로 적절한 아이디어는 여러 사람의 아이디어가 필요할 때 보다는 혼자서 업무를 진행할 때 발생하는 문제들을 지속적으로 해결해 가는데 필요하다. 매번 아이디어가 필요할 때마다 모든 기획자들이 모여서 회의를 할 수는 없다. 그렇다 보니 무언가 처음 시작할 때만 집단지성을 사용하여 아이디어를 떠올리고 이후 개발을 진행할 때 요구되는 아이디어들은 담당하는 기획자들의 역량으로 헤쳐 나아가야 하는 경우가 많다. 이에 따라 각 기획자별로 지금 개발하고 있는 게임의 상황에 따라 주력으로 필요한 아이디어의 형태가 명확하게 구분될 수밖에 없다.

이야기를 조금 바꿔서 아이디어가 필요하지 않은 기획자의 업무에 대해서도 한번 이야기해 보자. 아이디어 구상 단계를 넘어가다 보면 그 이후로 개발을 진행하기 위해 해야 하는 더 많은 일들이 기다리고 있다. 아이디어를 구현하기 위한 문서를 잘 정리한다거나, 수치 밸런스를 콘텐츠에 맞춰 잘 설정하거나, 게임에서 데이터가 정상적으로 보일 수 있도록 관리를 하는 등의 작업이다. 이때는 '센스'라는 것을 필요로 하게 되는데 이는 아이디어와는 명확하게 다른 능력이다. 문서를 작성하는데 필요한 시간이 어느 정도인지 미리 산정하고 어떤 내용을 포함시켜야 프로그래머가 개발을 진행하는데 무리가 없을 것인지 등을 고민하는 능력이 되겠다. 기획자의 기술이라고도 표현하고 싶은 '센스'는 아이디어와 다르기 때문에 기획자마다 '아이디어'와 '센스' 어느 쪽에 재능이 있는

지를 판단하고 관련 업무를 진행하는 것이 팀 입장에서는 효율적인 개발 팀을 세팅하는 방법일 수도 있다. 이 '센스'라는 능력을 성장시키는 방법으로는 다양한 것을 우선 경험하고 자신이 선호하는 포인트를 찾아 반복 개발을 경험해 보는 것이 좋은 방법이다. 그래서 항상 다양한 개발 환경을 두려워하지 말고 도전하며 기획해 보지 않았던 경험을 지속적으로 시도하는 것을 추천한다. 새로운 게임을 개발하거나 새로운 회사와 팀에 소속되면 모든 주변 환경이 변화한다. 이를 빠르게 적응하고 활용해야 하는데 자신이 어떤 부분이 재능이 있는지를 파악하여 낭비되는 시간을 줄이는 것을 추천한다.

게임 기획자는 스트레스가 많은 직업인가요? 언제 스트레스를 많이 받나요?

사람이 버틸 수 있는 스트레스의 임계치는 사람마다 크게 다르다. 즉 스트레스가 많고 적은 것을 판단해 말하기는 어렵다는 얘기다. 하지만 스스로 스트레스를 받고 있다는 것을 미처 느끼지 못해 병이 생길 가능성도 충분하다는 점은 이야기하고 싶다. 예를 들어 개발 기간 중 마감 일정이 정해져 있는 기획이 있다고 해 보자. 이 기획을 마무리하지 못해 다른 직군의 팀원이 기다린다고 상상해 보면, 적절하게 떠오르는 아이디어가 없어 기획을 마무리하지 못하고 있는 그 상황이 너무나 초조하고 답답할 것이다. 만약 무조건 시간을 투자한만큼 해결되는 것이라면 오히려 마음이 편하겠지만 그 마저도 확신할 수 없다. 이처럼 기획자는 이와 같은 상황에 노출되며 그에 따라 받는 스트레스가 적지 않은 직업이다. 이 외에도 같이 일하는 사람들에게 받는 스트레스도 있다. 게임은 여러 명의 사람이 모여 협업하며 결과물을 만들어 내야 하는 업무이기 때문에 사람들과 자주 부딪혀야 하는 일이기도 하다. 사람과 사람이 부딪히며 일하는 직업은 비단 게임 기획자가 아니더라도 충분히 스트레스를 받을 수 있는 환경의 직업이다. 때문에 성격이 맞지 않아 게임 개발을 하지 못하고 직업을 바꾸는 사람도 가끔씩 볼 수 있다. 그만두지 않았다면 자신의 성격에 맞는 개발 팀을 찾아 이리저리 옮겨 다닌 경우다. 이처럼 게임 기획자는 다른 직업에 비해 받는 스트레스가 많다고 확신하기는 조심스럽지만 결코 적은 정도는 아닐 거라 생각한다.

그렇기에 장기 레이스를 요구하는 게임 개발에서는 스트레스 관리를 중요하게 생각한다. 나도 잘 조절하지 못하는 부분이기에 스트레스 관리 방법에 대해 이야기하긴 부끄럽지만 쌓여 있는 스트레스를 잘 풀 수 있는 무엇을 찾는 것이 중요하다고 말하고 싶다. 그렇기 위해서는 본인 스스로만의 시간을 마련하는 데에 관심을 가져야 한다. 무언가를 하기 위해서는 스스로 온전히 사용할 수 있는 시간이 있어야 하지 않겠는가. 업무 시간이 길어지며 개인의 휴식 시간이 줄어들었고 퇴근 이후에도 기획 생각에 빠져 있다면 스트레스를 줄일 수 있는 좋은 방법이 있더라도 아무런 의미가 없을 것이다.

"나는 게임 기획을 하는 것이 너무 좋아서 업무 시간 이외에도 생각만 하면 너무 즐겁다"라는 이야기를 하는 경우도 있겠다. 물론 그 것도 맞는 말이다. 고민할 수 있는 게임 기획이 있다는 것은 충분히 즐거운 일이다. 그러나 장기적인 미래를 위해 휴식 시간이 필요하다는 것을 명심해야 한다. 충분한 잠을 자는 것도 방법일 수 있고 아무 생각 없이 웃거나 슬픈 영화를 관람하는 것, 운동을 하는 등 게임과 관련되지 않는 것들을 우선 생각해 보는 것이 좋다. 사실 개발과 상관없는 운동 등을 하면서 해결되지 않는 기획을 생각하다 보면 자연스럽게 문제가 풀리는 경우가 있기도 하다. 하지만 이 경우 운동을 하고 나서도 정신적인 피로가 해소되지 않고 쌓이는 느낌이 든다. 그렇기에 그다지 추천하고 싶은 방법은 아니다. 운동을 할 때는 운동에 집중하자.

Q & A

게임 기획자는 일하는 중에도
게임을 자주 하나요?

일(업무)하는 시간에는 게임을 거의 하지 못한다. 조직에 따라 게임을 업무 시간에 허용하는 경우도 있고 아닌 경우도 있다. 업무 시간에 게임을 허용하는 조직이라 할지라도 막상 게임을 할 수 있는 시간은 거의 없다고 생각하는 것이 좋다. 필요에 따라 게임을 플레이하는 경우도 있지만 플레이 시간 자체가 30분을 넘는 경우는 없기 때문에 게임을 플레이한다고 이야기하기는 어렵고 업무의 연장선이라고 생각하는 것이 좋다. 단 개발하는 게임을 플레이하는 것은 예외로 하자.

쉽게 말하자면 시간적 여유가 없기 때문이다. 하루 근무 시간(8시간)을 기준으로 일정을 짜고 개발을 하기 때문에 사실 시간적인 여유가 없는 것이 당연할 수 있다. 회사에서 동료들과 게임하는 경우는 보통 점심시간을 활용하거나 퇴근 시간 이후에 플레이하는 경우다. 요즘은 이마저도 모바일 게임의 비중이 늘면서 굳이 같이 모여서 게임하는 경우가 줄어들었다. 장소의 제약이 모바일로 인해 많이 해소가 되면서 같이 모여 있을 때가 아니더라도 게임을 하는 것이 어렵지 않아졌기 때문이다.

개발을 일찍 마무리하게 될 때나 혹은 중간중간 여유가 있을 때 게임을 하기 보다는 아무것도 하지 않고 휴식을 취하거나 동료들과 이야기하는 것을 더 선호한다. 수다나 휴식 자체가 주는 편안함도 있지만 조금이나마 여유 시간이 난다면 잠깐의 휴식을 가

지며 디지털의 영역에서 잠시 벗어나 있는 것이 가장 선호된다. 더불어 내가 여유 시간이 생기더라도 다른 동료도 똑같이 여유 시간이 생기지 않기 때문에 주변 동료들을 배려하기 위해 게임을 하지 않는 경우도 있다는 것을 알아 두자.

이처럼 업무 시간에 게임을 플레이할 여유는 없다. 그렇지만 게임을 좋아하는 사람과 함께 전날 플레이 했던 게임의 경험을 같이 공유하고 서로의 생각을 확인하는 짧은 대화를 나눌 수 있는 것만으로도 큰 만족감을 얻을 수 있을 것이다.

Q&A

게임 기획자로 게임 회사에 취업하기
전에 배워두면 좋은 프로그램이 있나요?

여기서 말하는 프로그램이란 게임 기획자로 일할 때에 컴퓨터에서 주로 사용하는 작업 도구를 의미한다. 먼저 MS 오피스에서 제공하는 프로그램 위주로 활용해 보는 것을 추천한다. 그중에서도 특히 엑셀, 파워포인트, 워드 정도를 주로 사용하게 되는데 이중에서 워드의 경우 새로운 작성 도구 등이 등장하며 최근에는 사용률이 많이 감소되었다. 요즘엔 워드보다 웹 기반 문서 도구(예, 구글 문서)로 대체되고 있는 상황이다. 이는 논의가 필요하거나 변경된 기획 내용을 빠르게 전달할 수 있고 스마트폰 등으로 장소와 관계없이 문서를 확인할 수 있다는 장점이 있기 때문이다. 그 외에도 시작부터 끝까지 웹을 통해 문서를 작성할 수 있고, 변경된 이력도 자동으로 기록해 주기 때문에 이전 기록을 확인해야 하는 수고스러움을 감소시켜 준다는 장점도 있다. 이렇게 파일 관리 및 공유 과정이 효율적으로 바뀌게 되며 워드의 사용률은 지금도 감소하는 추세다. 중요한 것은 텍스트 위주의 기획 문서는 개발 팀에서 하나를 선택하여 팀원들이 일괄로 같이 사용하게 된다는 점이다. 때문에 팀에서 사용하는 도구에 맞춰서 최상의 문서를 작성할 수 있어야 한다. 그를 위해 읽기 편한 문서를 작성하는 것에 노력을 기울이는 것이 적합하다.

파워포인트는 발표 자료를 제작하는 목적으로 사용하는 프로그램이다. 그 목적과 같이 발표 자료 제작 시 사용한다. 물론 파워포인트 이외에도 발표하는 내용과 설명하고자 하는 방식에 따라 적합한 프로그램을 선택해 활용하는 것이 좋다. 발표 자료 외에도 기획 문서의 이해를 높이기 위한 이미지를 만들 때나 흐름도(Flow chart)를 만들 때도 자주 사용된다. 간단하고 빠르게 이미지를 만들 수 있는 프로그램이기 때문이다.

엑셀은 대부분의 게임 개발 팀에서 공통적으로 사용되는 프로그램이다. 엑셀을 사용하는 가장 큰 이유는 게임에서 사용하는 데이터를 관리하는 테이블을 만들기 위함이다. 여기서 말하는 테이블이란 캐릭터의 레벨마다 경험치를 얼마만큼 요구해야 하는지, 몬스터는 레벨마다 체력이 어느 정도 되어야 하는지 등의 수치를 정리해 놓은 표다.

이와 같은 문서작성 도구를 기획자에게 필요한 1순위 프로그램으로 생각한다면 2순위는 개발 엔진 프로그램으로 꼽을 수 있다. 게임 엔진으로 불리는 '유니티'나 '언리얼'이라는 단어를 들어 본 적이 있는지 기억을 더듬어 보자. 이는 게임을 제작하기 위해 사용하는 프로그램이다. 이 프로그램들은 처음 게임을 개발할 때 기둥 역할을 해 준다. 이러한 기둥을 중심으로 개발자들이 살을 붙이고 모양을 만들어 최종적인 게임의 형태로 탄생시키는 것이다. 이와 같은 게임 엔진 프로그램은 인터넷에서 쉽게 다운로드하여 사용해 볼 수 있다. 프로그램을 실행해 보면 게임을 제작하기 위한 여러 가지 기능을 확인할 수 있는데 책이나 인터넷 정보를 따라가며 어떤 기능들이 포함되어 있는지를 사용해 보고 더 나아가 간단한 게임을 제작해 보는 것도 가능하다. 게임 기획자에게 하나의 게임을 처음부터 끝까지 개발해 본 경험은 굉장히 귀중한 경험이다. 이 또한 엔진 프로그램을 통해 경험할 수 있다.

이 외에도 다른 직군이 개발에 사용하는 프로그램도 있다. 이는 게임 그래픽 결과물을 만들거나 프로그래밍 코드를 작성하는 프로그램이다. 이런 프로그램은 사소하더라도 간단한 결과물을 만들어보지 않으면 단순하게 프로그램 기능을 이해하는 것만으로는 크게 도움이 되지 않는 프로그램이기도 하다. 그렇기에 게임 기획자에게 우선적으로 추천하는 프로그램은 앞서 말한 문서 작성 프로그램과 게임 엔진 프로그램이다. 게임 기획자를 준비하며 도움이 될 것은 이해할 수 있는 분야를 넓히는 일이라는 것을 명심하자. 때문에 시간적인 여유가 있거나 관심이 가는 타 직군의 분야가 있다면 주저하지 말고 도전해 보자.

여기서 언급한 내용들 외에도 개발 팀 마다 고유하게 사용하는 프로그램이 있을 것이다. 하지만 이는 개발 팀에 합류한 이후에 익혀도 늦지 않으니 너무 고민하지 않아도 괜찮다.

게임 개발과
협업

'협업'이라는 단어는 기획자를 항상 따라 다닌다. 이는 기획자라는 직군 혼자서는 게임을 만들 수 없기 때문이다. 같이 게임 개발을 할 수 있는 그래픽 디자이너나 프로그래머 등의 다양한 직군의 사람들과 함께여야 하고 항상 그들과 논의한다.

"이번에 새로 제작할 캐릭터의 스킬 기획서가 마무리되어 구현 요청드립니다."

기획자는 팀원과 함께 게임 개발을 진행하기에 앞서 기획서를 작성하여 개발의 시작을 담당한다. 시작과 마무리까지 모든 부분에서 개발에 참여하지만 개발 시작 이후엔 혼자의 힘으로는 개발이 불가능한 직군이다.

"기획자가 없어도 게임 개발을 할 수 있지 않을까?"

문득 이런 질문을 되뇐다. 이는 내가 개발을 하는데 있어서 무언가 부족한 사람처럼 느껴지기 때문일 수도 있다. 항상 이 질문의 답을 찾아보려 하지만 뚜렷한 결론을 찾지 못하고 바쁜 개발에 휩쓸려 지나간다. 원하는 답을 얻으려면 기획자라는 직군이 지금보다 높은 전문성을 갖게 되었을 때이지 않을까. 현업에서 개발에 참여하고 있는 다른 많은 기획자들 역시 입을 모아 같은 이야기를 한다.

기획자라는 직군의 전문성을 높일 수 있는 방법이나 분야는 여러 방면에서 찾아 볼 수 있겠지만 그중 타 직군과의 협업의 과정에서 기획자의 전문성을 찾을 수 있는 요소가 있는지 고민을 많이 해 보는 편이다. 게임에 포함된 많은 요소들 중에 비중이 작든 크든 무언가 하나를 구현하여 마무리하는 과정까지를 1부터 100까지 숫자로 표현 해 보자. 초기에 기획자가 기획을 하여 구현을 시작하기 전까지는 20 정도로 표현할 수 있다. 그 이후로 남은 80 만큼의 진행도는 모두 타 직군과의 협업을 통해 진행되고 이것이 최종 결과물까지 이어진다. 그만큼 실제 기획을 하는 시간보다 더 많은 시간을 협업으로 진행하고 그 과정에서 팀원들과의 협업을 얼마만큼 잘 이끌어 냈는지가 결과물로 나타난다. 당연하지만 좋은 기획서는 협업을 잘 진행하기 위해 기획자가 우선적으로 준비해야 하는 준비물이다.

"어떻게 하면 완벽한 기획서를 작성할 수 있을까?"

한창 개발이 진행 중인 한 때 기획서를 검토하는 과정에서 수정 사항이 생겨 문서를 다급히 수정하던 중이었다. 나는 자신을 한탄하며 고민에 빠졌다. 처음으로 온전히 하나의 기획을 초기단계 부터 맡게 된 때였기 때문이었다. 그때의 나는 완벽하게 개발을 진행하고 싶은 욕심이 가득 차 있었다. 완벽한 기획서를 쓰고자 했지만 욕심만 앞섰고, 작은 수정 사항까지도 성급하게 수정하기 바빴다.

기획서가 완벽하기 위해서는 기본적으로 재미가 있는 기획이어야 한다. 또 팀원들이 그 기획서를 토대로 게임 구현을 시작하기 위해 필요한 모든 정보가 담겨져 있고 개발 중간에 수정 사항이 발생하지 않으며 목표한 기간 내 구현될 수 있는 알맞은 기획 내용이 포함되는 기획서여야 한다. 하지만 작성하고 있는 기획서를 떠올리면 완벽이라는 단어와는 매우 먼 거리에 있음을 쉽게 깨닫게 된다.

처음으로 기획서 전체를 작성할 기회가 생겼을 때다. 당시 게임에서 캐릭터가 사용할 아이템에 대한 기획이 주어졌고 어떤 아이템을 사용하면 재밌을지 한창 고민을 하고 있었다. 아이템의 효과는 다른 플레이어를 공격하는 아이템으로 방향이 정해져 있었고 사용하는 사람에게는 공격했을 때 충분히 만족감을 줄 수 있어야 했다. 또 반대로 피해를 받는 사람은 스트레스를 적게 받도록 고민해야 했다.

당시 아이템 기획 또한 고민을 여러 방향에서 접근하는 않아 결국 기획의 수정이 필요하게 됐다. 이처럼 개발이 진행된 이후에 기획을 수정하게 되었다면 주로 대부분 사전에 고민의 양이 충분하지 않았기 때문이다. 공격을 하는 사람의 입장에서만 기획을 하다 보니 피해를 받는 사람에 대해서는 충분히 고민하지 못했고 기획서에 언급이 필요했던 예외 처리도 누락되었을 뿐만 아니라 다른 아이템의 재미까지 해치는 기획이 만들어졌던 것이다. 구현이 진행되는 중간 테스트를 통해 이런 기획의 구멍을 발견했지만 해결책이 구비되어 있지 않아 보완을 할 때까지 개발을 중단할 것인지 고민해야 했다. 하지만 별다른 방도

없이 무작정 중지하는 것 또한 좋은 방법이 아니었다. 만약 기획한 내용이 예상보다 재미가 없다면 구현을 즉시 멈춰야 하는 것일까? 기획자는 이처럼 쉽게 결정할 수 없는 애매한 상황들을 자주 마주하게 된다.

방도가 마련되어 있지 않더라도 상황에 대한 공유는 이뤄져야 했기에 팀원들과 문제에 대해 이야기를 하던 중 팀원 한 명이 '재미라는 것은 주관적인 평가이기 때문에 다른 누군가는 재미있어 할 수도 있다'라고 이야기를 꺼냈다. 맞는 말이다. 초기 기획을 결정할 때 주고자 했던 재미의 방향과 일치하는지 생각해 보니 단순히 재미가 있는지 없는지를 떠나서 진짜 문제가 있는지 여부를 더 원활하게 파악해 볼 수 있었다. 물론 파악을 했다고 해서 동시에 해결책이 나오는 것은 아니다. 하지만 당시에는 일단 의도했던 재미가 아니었음을 확인하고 관련 내용을 개발자들에게 공유하여 기획 내용을 수정한 후에 다시 구현을 요청을 계획할 수 있었다. 며칠 후 수정된 기획 내용을 토대로 구현을 요청하여 다시 테스트를 진행했다.

"그대로 재미는 없는데 더 밋밋해졌는데요?"

구현을 담당한 팀원의 한마디가 심장을 때렸다. 기획을 또다시 수정해야 했다. 그때부터는 기획한 아이템의 재미뿐만 아니라 개발을 같이 하고 있는 팀원들의 재작업을 어느 단계까지 요청해야 하는 것인지도 신경을 써야했다. 이처럼 항상 완벽한 기획을 목표로 하지만 안타깝게도 수정사항이 발생되곤 했다. 그렇다면 어느 선까지 재작업을 요청하는 것이 적절한 기획인 것일까?

이는 기획에서 추구해야 하는 재미와는 관련성이 더 멀어진 고민일 수 있다. 하지만 완벽한 기획은 이미 4만 광년 이상 떨어져 머릿속에서 사라진지 오래되었고 그때는 수정을 더 이상 하지 않기 위한 방법을 찾는데 필사적이 된 시점이었다. 해결 방법으로는 사전에 상급자에게 의견을 구하는 방법도 있을 것이고 팀원들의 생각을 들어보는 방법 등을 시도해 볼 수 있다. 하지만 수정 사항이 생길 때마다 이와 같은 방법을 매번 사용할 수는 없다.

내용을 지속적으로 수정하고 테스트를 반복한다고 해서 좋은 결과를 얻는 것은 아니다. 또 당연한 이야기지만 수정이 횟수가 늘어 갈수록 팀원들도 지쳐간다. 그렇다면 무언가 문제가 발생된 부족한 기획은 어떻게 잘 보완할 수 있을까? 이 지점에서 기획을 완벽하게 보완해 내는 것이 또 하나의 목표로 중요하다는 것을 알 수 있다.

기획이 전달된 후에도 문제가 있거나 부족한 내용이 있는지 지속해서 확인해야 한다. 문제가 발견되면 구현이 진행되고 있는 중간 언제라도 우선적으로 그 문제를 빠른 시일 내 공유해야 한다. 공유할 대상자는 개발을 같이 진행하는 팀원과 상급자가 기본이다. 또한 상황에 따라 PM 등이 추가되어 공유해야 하는 대상자가 늘어날 수 있다. 이처럼 공유한 이후에는 실질적인 해결 방안을 모색해야 한다. 이때 해결 방안을 찾는 데까지 걸리는 시간을 대략적으로 계산해 보고 정확한 시간을 예측할 수 있는 수준까지 끌어올려야 한다. 개발이 항상 시간과의 싸움이라고 하더라도 무조건 속도에 중점을 두기 보다는 진행하는 일이 어느 정도의 시간을 필요로 하는지 최대한 정확하게 인지하는 것이 우선이다. 이처럼 사전에 고민도 많이 하고 적절하게 기획을 잘 보완하여 구현을 진행하였음에도 불구하고 최종 결과물이 나왔을 때의 만족도는 예상했던 것보다 낮을 수 있다. 만족도가 낮다고 해서 무조건 재작업해야 하는 것은 아니다. 만족할 만한 결과물이 언제 나올지 알 수 없는데 시간을 계속해서 소비할 수 없기에 적절하게 다음으로 넘어가는 판단도 필요하다.

만족할 만큼 재밌는 결과물이 나오지 않아 실망했을 때 다시 보완을 한다고 생각해 보자. 이미 구현되어 있는 결과물보다 더 재밌는 기획을 하기 위해 어느 정도 시간이 필요할지 예상하는 것은 어려운 일이다. 그렇기에 당장은 넘어가고 더 나은 기획을 뽑아 낼 수 있는 능력이 되었을 때 다시 한 번 되돌아 볼 수 있는 기회를 노려보는 것도 좋은 방법이다.

기획서를 넘기는 과정 이외에도 협업은 굉장히 많은 순간에 다양한 형태로 요구된다. 기획서는 기획자가 작성하지만 새로운 아이디어가 필요하다면 팀원들의 힘이 필요할 때가 있기 때문이다. 때때로 회의실에 둘러 앉아 원하는 내용에 대해 아이디어 회의를 하는데, 이때 아이디어를 주는 사람과 받는 사람 각자의 위치에서 선을 지키는 것이 중요하다. 게임 기획은 여러 사람이 둘러앉아 다수결의 원칙으로 결정되는 것이 아니다. 그래서도 안 된다. 기획자는 다양한 사람들에게 아이디어를 물어보고 듣는다. 그렇게 의견을 수렴해 정리를 하지만 결국 결정해야 하는 것은 기획자 본인이다. 물론 회의 분위기상 대다수의 사람들이 제시한 아이디어를 기획으로 채택해야 할 것처럼 느낄 수 있다. 하지만 본인이 원하지 않는 방향이더라도 선택했다면 누구도 그 기획에 대한 책임을 질 수 없다. 또한 아이디어에 문제가 발생되었을 때 대처 하는 것은 배로 어려워진다. 그렇게 결정된 아이디어를 가지고 과연 내가 좋은 기획서로 발전시킬 수 있을지는 깊게 생각해 보지 않아도 쉽게 답할 수 있을 것이다.

그렇기에 아이디어 회의를 통해서는 내가 생각하고 있는 기획 방향 내에서 더 좋은 길을 찾는 것에 초점을 두는 것이 좋다. 그를 위해서는 회의 전 내가 생각하고 있는 방향에 대해서 확실하게 공유를 하는 것이 매우 중요하다. 회의에 참석하고 있는 사람들이 서로 다른 생각을 갖고 각기 다른 의견을 제시한다면 정리하는 것도 힘들고 참석한 사람들의 아까운 시간을 뺏는 일이 된다.

기획자들끼리는 주로 아이디어 회의 형태를 진행하는 편이다. 아이디어를 제시하는 입장에서는 분명하게 알아야 하는 참여 자세가 있다. '아이디어 회의는 왜 해요? 어차피 쓰지도 않을 거면서'와 같은 이야기를 하지 않으려면 말이다. 아이디어는 아이디어일 뿐이다. 내가 생각한 아이디어를 무조건 사용해야 한다고 생각하거나, 다른 사람의 아이디어보다 내 것이 좋다는 등의 생각은 쓸데없는 생각이다.

어느 날 같이 일을 하던 팀원이 아이디어가 필요하다고 요청해 회의에 참여한 적이 있었다. 게임에 새로 추가될 맵에 대한 아이디어를 논의하는 회의였는데 사전에 미리 마련된 기준이 없었다. 회의가 시작되자 참여자들은 각자 평소에 생각하고 있던 콘셉트나 맵 형태에 대해 돌아가면서 의견을 늘어놓기 시작했다. 그에 따라 진행자는 그 의견을 보드에 나열하며 정리하였고 시간이 갈수록 계속해서 새로운 아이디어가 추가됐다. 중간에 한 사람이 좋은 의견을 내놓으면 그 의견에 꼬리를 물로 다양한 아이디어들이 또 탄생됐고 그렇게 계속해서 각자의 생각과 다른 사람의 아이디어에 살을 붙이면서 회의가 진행되는 방식이었다. 반나절이 넘는 시간이 흘러갔다. 하지만 아무것도 결정되지 않았다. 좋은 아이디어가 보드에 잔뜩 적혀져 있었지만 어떤 아이디어를 선택해야 할지 결론을 내리지 못했기 때문이었다. 각각의 아이디어가 너무 좋아서 선택을 못했을 수도 있지만, 당시에는 분명한 기준이 없다는 것이 큰 문제였다. 사전에 원하는 형태의 맵이나 제작 기간, 인원, 우리가 갖고 있지 않은 유니크함 등의 세부적인 조건들이 제시되었다면 결정을 해야 하는 기획자도 많은 아이디어 중에 비교적 쉽게 결정을 할 수 있었을 것이다. 또한 제안하는 사람들도 자체적으로 고민하여 필터링 된 아이디어를 제시하였을 것이다.

협업을 통해 얻을 수 있는 가장 큰 이점 중 하나는 바로 구성원들의 집단 지성이다. 집단 지성을 잘 활용하기 위해 시간을 효율적으로 사용하는 것에 집착하기보다 낭비를 하지 않는 방법을 고민하는 것이 우선시되어야 한다. 기획자가 초기에 아이디어를 모색하고 기획서를 전달하는 과정에서 가장 많은 협업이 요구되는 것은 사실이지만 기획자를 통해 최종 결과물이 탄생되는 경우도 한번 살펴볼 필요가 있다.

시중에서 서비스 되고 있는 게임 개발 팀에 소속되어 있는 경우 이와 같은 상황을 주로 경험할 수 있다. 즉 개발이 어느 정도 진행되고 정리가 되면서 프로그래머들이 구현한 다양한 기능들을 기획자가 자체적으로 스트립트나 엑셀, 툴 등을 통해 콘텐츠를 제작하는 경우가 이에 해당된다. 프로그래머의 구현 과정을 거치지 않고 기획자가 생각하는 결과물을 자체적으로 생산하게 되면서 협업을 해야 하는 대상자 또한 변화가 발생한다. 협업을 하는 시간 자체가 줄어들기도 하고 기획서를 작성하지 않고 구현을 하게 되기도 한다.

타 파트와의 협업은 어느 한쪽으로 압도적으로 기울게 된다. 예를 들어 게임에 새로운 캐릭터를 추가한다고 했을 때 프로그래머와 구현에 대한 논의가 필요 없게 된다면 대부분의 시간은 그래픽 디자이너와 이뤄지게 된다. 필요한 자원들을 요청하고 결과물을 기획자가 담당하여 조립하고 유저가 경험하게 될 최종 결과물까지 기획자의 손에서 마무리 된다. 여기서 이야기하는 기획자의 역할은 앞서 이야기 해 왔던 기획자와는 전혀 다른 일을 하는 다른 기획자로 보인다. 이처럼 한 팀에 다양한 기획자들이 있다면 같은 직군으로 묶여 있지만 실제 하는 일은 완전히 다를 수 있다.

여기서 개발 팀의 규모에 대한 이야기를 빼놓을 수 없다. 규모가 일정 이상 큰 팀의 경우에는 여러 명의 기획자가 각자 담당하고 있는 기획 업무를 잘 진행하기 위해 서로 맡은 기획 내용에 맞춰서 일의 방식이 바뀌게 될 것으로 예상해 볼 수 있다. 반대로 소규모의 팀에서의 기획자는 다양한 업무를 번갈아 가면서 해야 하는 상황에 직면할 수 있다. 무언가 하나의 업무 방식에 맞춰야 하는 것이 아니라 다양한 상황에 대처가 필요하고 이는 여러 가지 기획을 혼자서 해야 한다는 것을 뜻한다. 이 경우 깊지는 않더라도 다양한 경험을 할 수 있는 장점이 있는 반면에 잘못하면 아무런 기준이 없이 주먹구구식으로 기획을 진행하게 되는 경우가 발생될 수 있다.

기획자의 전문성을 대변해 줄 수 있는 하나의 가치로 협업 능력을 꼽는다면 보이지 않는 요소이기에 불명확한 부분이 많을 수밖에 없다는 점을 유념해야 한다. 어떤 기획자가 협업을 잘 하는지 수치로 판단할 수 있는 기준이나 협업을 잘하기 위해서 배울 수 있는 정리된 학문이 만들어지기까지는 아직 많은 시간이 필요할 것으로 보인다. 하지만 현재 게임을 개발하는 과정에서 기획자가 반드시 가져야 할 능력 중에 하나인 것은 분명하다. 해외의 유명 개발사에서는 트리플 A 게임을 개발하는데 몇 개의 개발 팀이 서로 다른 장소에서 협업을 하여 개발하는 모습을 어렵지 않게 찾아볼 수 있다. 생각해 보면 피라미드 만큼이나 불가사의한 이야기인데 피라미드와 다른 점은 지금도 진행형이라는 것이다.

지속적으로 좋은 결과물을 만들어 낼 수 있는 의사소통 방식의 노하우가 쌓였는지는 확인하기 어렵다. 간혹 해외 개발자 컨퍼런스(GDC)에서 관련 개발자들이 나와 자신들의 업무 방식에 대한 노하우를 공유하는 경우가 있는데 대부분 개발자들이 흔히 알고 있는 기본적인 업무 방식을 최대한 잘 이용한 경우가 많았다. 사실 성공할 수 있는 완전히 새롭거나 특별한 방식을 기대했을지도 모른다. 하지만 '대단한 사람들이 모여 흔히 알고 있는 업무 방식 중 우리 조직에 적합한 방안을 최대한 효율적으로 이용했습니다'라는 식의 이야기가 대부분이다. 때문에 강연이 끝나면 요령을 피우지 말고 지금의 순간에 최선을 다하고자 하는 마음만 남는다. 게임은 항상 새로운 것을 찾는 것이 필수라고 하더라도 업무를 하는 방식에서만은 새로움보다는 때로는 익숙함을 우선으로 발전시키고 반복하는 것이 보다 나은 게임을 개발할 수 있는 단단한 조직을 만들어 낼 수 있는 비결일지 모른다.

· 게임 개발 팀의 구조에 대해 알아 보자

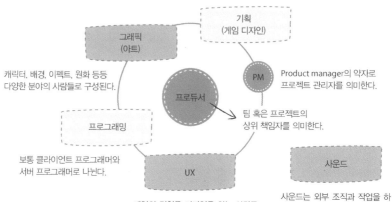

기획
(게임 디자인)

그래픽
(아트)

캐릭터, 배경, 이펙트, 원화 등등
다양한 분야의 사람들로 구성된다.

프로듀서

PM

Product manager의 약자로
프로젝트 관리자를 의미한다.

프로그래밍

팀 혹은 프로젝트의
상위 책임자를 의미한다.

보통 클라이언트 프로그래머와
서버 프로그래머로 나뉜다.

UX

사운드

게임의 경험을 디자인을 하는 사람들
로 기획이나 그래픽 팀에 소속되어 있
는 경우가 많지만 때로는 UX팀이 별
도로 구성되어 있는 경우도 있다.

사운드는 외부 조직과 작업을 하
는 경우가 많지만 팀 내부에 사운
드 팀이 구성되어 있는 경우도 적
지 않다.

Q & A

지금까지 가장 힘들었던
게임 기획 작업은 무엇이었나요?

새로운 기획을 시도하는 초반에는 언제나 스트레스를 많이 받는다. 하지만 멋지게 게임이 탄생하고 좋은 반응을 얻게 되면 힘들었던 기억이 언제 있었나 싶을 정도로 말끔히 사라진다. 그럼에도 힘들었던 기획 작업이 뭐가 있었을까 생각해 보면 (이미 끝난 일이지만) 아직까지 사라지지 않고 기억에 남아 떠오르는 몇몇 작업이 있다.

게임에서 당연히 있을 법한 시스템을 기획해야 하는 상황이 있다. '당연히 있을 법한 시스템'이란 게임의 장르에 따라 있어야 하는 것들을 기획할 때를 말한다. 이는 두 가지로 분류할 수 있다. 먼저 편의를 위한 기능이다. 예를 들어 '친구 관리' 시스템을 기획하거나 우편, 채팅 혹은 보관함 등 게임을 진행하는 데에 있어 필요한 기능을 떠올리면 된다. 하지만 여기서 이야기하고자 하는 것은 이러한 편의를 위한 기획이라기보다는 재미를 위한 기획이다. 이는 개발하는 게임의 장르에 따라 많은 경우도 있고 거의 없는 경우도 있는데, 주로 RPG 장르의 게임에서 이런 기획 요소를 쉽게 찾을 수 있다. 그중 대표적인 것이 퀘스트 시스템이다. 게임마다 비슷해 보이는 퀘스트 시스템이라도 우리가 개발하는 그 게임에 적합한 형태의 퀘스트 시스템을 개발하는 것은 전혀 다른 문제다. 더불어 재미를 줄 수 있는 독특한 요소도 함께 고민해야 한다. 만약 여기서 유사한 게임의 퀘스트 시스템을 그대로 가져오게 될 경우 우리 게임 자체에서 사용할 수 있는 퀘스트 기능의 범위, 필요한 퀘스트의 개수 및 종류, 그리고 제공해야 하는 화폐의 가치나 가짓수 등 퀘스트 시스템에서 판단하고 적절히 배치가 필요한 변수들이 생각보다 많이 생겨난다. 이런 변수를 안고 개발하는 게임에 맞춰 조립하게 되면 부족한 부분들이 보이거나 앞뒤가 맞지 않는 부분들이 생기며 기획을 보완해야 하는 이슈가 당연하게도 발생된다. 이런 보완 과정을 통해 맞지 않는 옷을 억지로 입히기 보다는 조금 더 비용이 들어가더라도 우리 게임에 맞는 옷으로 개발될 수 있도록 하는 것이 기획자의 역할이다. 퀘스트 시스템은 필요하지만 일반적인 규칙을 적용하기엔 개발하는 게임에 적합하지 않은 경우 재미를 보완하는 데에도 제약이 많다. 이처럼 이런 시스템의 기획을 할 때에는 꽤 많은 고민이 필요하다. 억지로 맞지 않은 옷을 입혀야 하는 경우에 기획하는 과정이 어려워지기 때문에 기획의 첫 단추를 잘 낄 수 있도록 첫 기획에서부터 많은 고민을 해야 한다. 특히 다른 기획 요소에 영향을 줄 수 있는 시스템이나 콘텐츠 기획일 경우 초반부터 빈틈없이 딱 맞게 기획하려고 하는 것이 오히려 독이 될 수 있다는 점을 유념해야 한다.

Q & A

기획자를 뽑을 때 어떤 능력을 중점으로 평가하나요?

기획자의 평가 기준은 팀이나 사람마다 다르다. 때문에 기준이 있다고 보기가 어려운 부분이다. 그렇기에 다른 직군과 달리 각자 서로 다른 방법으로 기획자를 평가한다. 팀의 분위기나 특징에 따라 잘 맞는 사람을 뽑아야 하기 때문에 포트폴리오가 마음에 들지라도 면접에서 조직의 분위기와 맞지 않는다고 판단되면 떨어뜨리는 경우도 생긴다. 즉 이력서나 포트폴리오도 중요하지만 기획 직군의 경우 특별히 면접의 평가가 큰 비율을 차지하는 경향이 있다.

기획자를 뽑을 때 그나마 회사마다 비슷한 평가 기준이라고 생각할 수 있는 요소들을 정리해 보면 전달력(문서, 구두 전달), 관심도, 지원 분야의 경험 정도를 공통으로 체크한다. 이 외에도 전문적인 기술을 소지하고 있다면 가산점을 받을 수 있다.

먼저 전달력은 말을 통해 전달하는 것과 문서를 통해 전달하는 것 모두를 포함한다. 어느 부분에서 강점을 갖고 있는 사람인지, 혹시 전달력이 부족한 부분이 있는지를 가장 먼저 체크한다. 포트폴리오를 읽어보거나 면접에서 처음 인사하고 본인의 의사를 전달할 때 등에서 보이는 전달력을 체크한다. 쉽게 말하자면 면접자가 이야기하는 내용들이 얼마나 잘 전달되고 있는지를 체크하고 있다고 보면 된다. 관심도는 게임에 대한 관심도를 의미한다. 이미 서비스를 하고 있는 게임이라면 지원한 팀에서 서비스를 하고 있는 게임에 대해 얼마나 관심을 가지고 있는지를 확인해 볼 것이고 새로운 게임을 개발하는 신규 팀의 경우에는 게임에 대해 평소에 갖고 있는 관심도를 이런 저런 질문을 통해 확인한다. 게임에 대해 관심이 높지 않아도 기획을 잘할 수도 있겠지만, 특히나 신입의 경우에는 관심도에 따라 업무의 집중도나 효율을 대략적으로 판단할 수 있다고 여긴다. 신입이 아닌 경우에는 반대로 최소한의 관심도를 체크하기도 하는데 당연한 이야기지만 관심이 너무 없는 사람의 경우에는 일을 잘하는 것과 관계없이 조금은 기피하게 된다. 마지막으로 지원 분야에 대한 경험으로 어떤 것이 있는지를 본다. 새로운 기획자가 팀에 합류하여 진행할 업무가 이미 정해져 있는 상태라면 더더욱 해당 분야에 대한 실력을 체크하려 할 것이다. 만약 정해져 있지 않다고 하더라도 이 사람이 어떤 경험을 했었고 경험한 과정을 통해 어떤 기획 분야에 강점이 있고 취약한 부분은 어디인지를 판단하는 기준으로 이를 사용한다.

사실 많은 사람들이 한 시간이라는 짧은 시간 내에 게임 기획자를 평가하기란 쉽지 않다고 입을 모아 이야기한다. 합격 이후에도 수습 기간이 있지만 서류 전형과 면접 과정에서 판단할 수 있는 요소들을 최대한 마련할 수 있도록 고민을 많이 하는데, 이를 위해 필요에 따라 면접의 단계를 세부적으로 더 늘리거나 과제를 내는 등의 평가 방법을 추가하기도 한다.

Q&A

경력을 많이 쌓으면 자신이 원하는 게임을 만들 수 있나요?

자신이 원하는 게임을 만드는 것은 생각보다 경력과 밀접하게 관계가 있진 않다. 하지만 반대로 완전히 무관하다고도 말할 수는 없을 것 같다. 혼자서 게임을 개발하는 경우를 제외하고 게임 회사에 소속되어 개발을 한다면 주도적으로 게임을 개발할 수 있는 사람들은 대부분 일정 수준 이상의 경력을 갖고 있는 베테랑일 것이다. 또 그렇다고 오랜 경력을 갖고 있는 모든 사람들에게 각자가 원하는 게임을 개발할 수 있는 기회가 동등하게 제공되는 것도 아니다. 이야기를 이어가기 전에 '내가 원하는 게임을 개발한다'의 의미에 대해서 생각해 보자. 우선 게임의 처음부터 끝까지 모든 요소를 본인이 원하는 형태로 개발하는 환경을 상상했다면, 이는 현실에서는 어렵다는 것을 알아야 한다. 혼자가 아닌 두 명 이상의 다수가 모여 게임을 개발한다면 온전히 자신이 원하는 형태로만 게임을 개발할 수는 없다. 게임 개발은 같이 개발하는 팀원들과 함께 공동의 결과를 만드는 과정임을 잊어서는 안 된다.

그렇다면 내가 원하는 게임을 만든다는 것은 불가능한 것일까? 게임을 개발하는 사람들에게 내가 원하는 게임을 만든다고 이야기하면 게임의 방향성을 결정할 수 있는 높은 위치의 개발자가 되는 것을 의미한다. 높은 위치는 특정 직책을 갖고 있는 사람들로 보통 PD, 디렉터, 팀장과 같은 역할을 의미한다. 이와 같은 역할을 맡고 있는 개발 팀 내

에서 높은 위치의 있는 사람들이 결정하는 방향성에 따라 게임의 큰 틀이 완성되기 때문이다.

다시 경력에 대한 이야기로 돌아와 보자. 그렇다면 어느 정도의 경력을 갖고 있어야 방향성을 결정할 수 있는 높은 위치의 사람이 될 수 있을까. (여기서 회사를 창업하는 사례는 제외하도록 하겠다.) 예를 들어 '10년 이상이면 가능하다'와 같이 분명하게 명시되어 있다면 혼란이 없겠지만 이를 정의하기란 쉽지 않다. 사람마다 같은 시간동안 게임을 개발했다고 하더라도 경험의 방향이 매우 다르고 실력의 편차도 제법 크기 때문이다. 따라서 기획자는 자신이 의도한 기획이 게임으로 완성되고 서비스가 되어 유저들로부터 긍정적인 피드백을 받기 위해 노력하는 것을 가장 먼저 신경 써야 할 단계로 여겨야 한다. 그렇게 반복해서 계단을 올라가다 보면 자연스럽게 만족할 만한 경력도 쌓이게 될 것이다. 그렇게 차례차례 경력을 쌓아가다 보면 스스로 꿈꾸던 게임을 개발할 기회도 얻을 수 있을 것이다.

Q&A

게임 회사는
회식을 많이 하나요?

우리가 회식이라는 단어에서 상상할 수 있는 회식의 모습은 최근에는 사회 전반적으로 많이 줄어들었다. 그렇지만 회식이라는 이름의 자리는 여전히 존재한다. 내 경험에 따르면 일반적으로 한 달에 한 번, 혹은 두 달에 한 번 정도로 회식이 진행된다. (물론 어디에나 예외는 있다.) 그렇지만 회식의 모습은 예전과는 많이 달라졌다. 요즘은 간단하게 점심 식사를 같이 하는 짧은 회식을 하거나 저녁에 회식을 하더라도 함께 저녁 식사를 하고 2차로 카페를 가는 등 회식 문화가 많이 바뀌어 가고 있기 때문이다.

하지만 회식에 대해서는 각 회사나 팀마다 서로 다른 문화를 가지고 있기에 더 이상 자세하게 설명하긴 어려울 것 같다. 하지만 확실한 것은 회식의 문화가 10년 전과 비교하면 계속 바뀌고 있다는 점이다. 단순히 생각하면 시대의 흐름이라고 설명할 수도 있겠지만 개발자의 구성 현황을 보면 미혼자가 대부분이었던 과거에 비해 기혼자의 비율이 늘어난 것도 그 이유 중 하나다. 더불어 남성 위주의 게임 회사가 성비가 어느 정도 비슷해졌고 개인 시간을 효율적으로 활용하길 원하는 사람도 늘어나는 등 변화를 거듭하는 것도 영향이 있을 것이다. 더불어 시간이 지나며 변하는 사회 분위기에 따라 게임 업계의 업무 문화도 영향을 받게 되었고 그에 따라 회식의 모습도 변화를 거듭하게 되었다고 생각한다.

과거에는 회사가 마치 대학교 동아리 같은 분위기였다면 지금은 일반적으로 생각하는 회사의 모습이 된 것 같다. 사람들의 성향에 따라 여전히 회식을 오랫동안 즐기는 사람들이 있지만(나처럼) 과거에 비해 팀 구성원들끼리 같이 대화할 수 있도록 보다 다른 방식으로 회식이 이루어지고 있다는 점은 분명하다.

게임 완성과
출시

게임 개발자라면 누구나 부러워할 만한 메시지가 있다.

"이번에 개발한 게임 출시했어요."

이런 메시지를 받으면 나는 그 순간만큼 세상에서 가장 부러운 사람이 된다. 게임이 무사히 잘 개발되어 출시까지 이어지는 것은 굉장히 어렵고 인내와 고통의 시간이 동반되기 때문이다. 바깥에서 바라보았을 때는 출시되는 게임만이 전부라고 생각하기가 쉽다. 게다가 많은 게임 회사에서 모바일 게임을 주력으로 개발하게 되어 출시되는 게임의 숫자가 급증했다. 그 때문에 게임이 출시되기까지 얼마나 많은 장벽이 필요한지 체감하기는 더욱 어려워졌다.

게임 개발과 무관한 사람들은 직접적으로 체감하기 어렵지만 쉽게 말해 시장에 선보여지는 게임보다 몇 배, 몇 십 배의 게임 개발 팀이 새롭게 개발에 도전했다가 쥐도 새도 모르게 사라진다고 생각하면 된다. 그만큼 게임을 개발하여 시장에 출시한다는 것 자체가 어려운 일이기 때문이다. 하지만 어려운 만큼 게임이 출시되면 개발자들에게는 값진 경험이 된다.

그렇다보니 개발자로 걸어왔던 모든 과정들을 세세하게 기억하지 못하더라도 게임의 성공 여부를 떠나 출시했을 때의 상황은 비교적 자세하게 기억 속에 남는다. 1년여 정도의 짧지 않은 시간 동안 개발한 게임이 중단되어 개발을 더 이상 진행하지 못하게 되더라도 나름 괜찮은 경험이라고 자신을 위로할 수 있을 정도로 수년간 개발한 게임이 하루아침에 여러 가지 이유로 중단되는 경험을 하게 된다. 이와 같은 일이 게임 업계에서는 비일비재하다. 굉장히 오랜 시간 게임을 서비스하거나 개발을 한 경험이 있는 개발자 중에서도 출시의 문턱을 넘지 못하는 경우도 어렵지 않게 볼 수 있다. 출시라는 것이 혼자만의 힘으로는 어렵기 때문이다(물론 1인 개발자의 경우는 예외다). 개인 개발자는 회사라는 테두리에 소속되어 전략적인 이유로 시작되는 개발 팀에 소속되고 개발을 진행하게 되는데 게임을 계속해서 개발할지의 여부 또한 회사 단위에서 결정이 이뤄지고 때로는 개발자가 뛰어난 실력을 갖고 있다하더라도 그것과는 전혀 관계없이 개발이 중단되는 경우도 발생한다.

개발이 중단되는 것을 업계에서는 '드랍(Drop)됐다'고 표현한다. 국내에서는 모바일 게임이 대세가 되면서 점차 모바일 게임을 개발하는 팀의 수가 압도적으로 많아졌고 가벼운 게임부터 무거운 게임까지 다양한 형태로 온라인 게임을 개발하던 시절보다 더 많은 수의 게임이 출시되고 있다. 반대로 그만큼 더 많이 사라져 가는 게임이 있다는 것을 잊어서는 안 된다. 물론 또 한편으로는 출시할 수 있는 기회가 늘어난 것도 사실이다. 어찌됐든 개발자에게 게임을 출시한다는 것은 언제나 설레고 소중한 경험인 것은 동일하고 앞으로도 변하지 않을 것이다.

이쯤에서 '게임의 완성이 왜 어려운 걸까?'라는 질문을 한 번 해 볼 필요가 있다. 게임 개발은 굉장히 복잡한 과정의 결과물이다. 하지만 기획자의 입장에서 간단히 생각해 보자. 게임의 모습은 개발 과정에서 꽤 많은 변화를 거치게 되는데, 이런 변화가 있을 때마다 개발이 지연되곤 한다. 물론 때로는 구현 방식이나 그래픽의 콘셉트 변화에 따라 개발 기간이 늘어나는 경우도 있지만 대부분은 기획적인 이슈로 인해 개발의 방향이 변경되거나 수정을 필요하게 되면서 지연된다. 하지만 기획을 변경하는 것이 무조건적인 잘못이라고 생각하기보다는 기획이 변경되는 상황을 어떻게 대처할지를 고안하는 것이 중요하다. 개인의 의견에 따른 기획 변경이 아닌 회사의 금전적인 사정이나 시장의 변화에 따라 기획의 변경이 불가피하게 필요한 경우도 생각해 볼 수 있다. 게임이 어느 정도 완성 단계에 다다랐을 때 초기에 의도했던 게임의 형태가 어느 정도 유지되었는지를 비교해 보면 개발 과정이 순탄했는지 혹은 험난한 시간을 거쳐 왔는지를 대략적으로 유추해 볼 수 있다. 초기의 형태가 완성된 버전에서도 유사하게 보인다면 의도했던 게임으로 개발이 잘 진행된 것으로 생각해 볼 수 있는데 이러한 경우는 굉장히 드물다. 그만큼 초기에 계획했던 재미의 방향을 계속해서 유지하여 완성하는 것이 굉장히 어려운 일이기 때문이다. 기획자의 업무에 빗대 본다면 처음 작성한 기획서 그대로 구현했을 때 문제가 발생하지 않고 마무리된다고 생각해 보면 될 것이다.

해외 개발사들의 사례에서도 초기 게임의 방향성을 중요하게 언급하는 경우를 종종 볼 수 있다. 이때 어떻게 하면 제안 단계에서 결정된 게임의 모습을 완성단계까지 유지하는지에 대한 이야기를 들어볼 수 있다. 우리나라도 다양한 개발 프로세스에 대한 관심도가 높은 편이고 성공한 사례들에 대한 이야기에 많은 호응을 보인다. 개발 프로세스는 게임 업계뿐만 아니라 다양한 산업을 통해 찾곤 한다. 하지만 아무리 좋은 프로세스가 있다고 하더라도 팀 구성원에 적합하지 못하면 사용하지 않는 것보다 좋은 결과물을 기대하기는 어렵다. 그렇다 보니 회사마다 취하는 태도도 다양하다. 좋은 프로세스를 팀에 잘 정착시키기 위해 반복적으로 사용하여 개선하는 팀도 있고 다양한 프로세스를 지속적으로 도입하여 팀 구성원에 맞는 프로세스를 찾기 위해 고군분투하는 경우도 있다. 이러한 노력들은 모두 개발하는 게임을 시장에 출시하기 위한 목적으로 귀결된다. 이와 같은 과정의 게임 출시는 개발자들에게 매번 경험에도 질리지 않는 짜릿한 경험임이 분명하다. 더불어 시장에서 결과까지 좋다면 더할 나위 없다.

나의 첫 짜릿한 경험은 찬바람이 부는 겨울이었다. 처음으로 경험하는 출시를 앞두고 넓은 사무실에선 자정이 지나서까지 전등 하나 꺼지지 않고 사람들이 분주하게 움직였다. 출시가 임박했으니 당연히 개발은 이미 마무리 되어 끝난 상태였고, 서비스를 하기 전 최종 테스트 및 대비 사항에 대한 준비를 하고 있었다. 출시 전 수 차례 진행했던 CBT(Closed Beta Test)에서 유저에게 좋은 반응을 얻었기에 길었던 개발에 마지막 박차를 가할 수 있었다. 출시 당일 주어진 업무가 있었던 것은 아니었지만 혹시나 작은 문제라도 생기면 내가 도움이 될 수 있지 않을까 싶은 마음에 회사에 남아 있었던 기억이 있다.

당시에는 PC 온라인 게임 출시를 준비하고 있었는데, 모바일 게임과는 다르게 우리가 제공하는 별도의 홈페이지에서 게임을 받아 즐기는 방식이었기에 잘 만든 게임을 유저들에게 확실하게 제공하기 위해서는 출시 전 홈페이지의 문제를 점검하는 것이 게임 점검만큼이나 중요한 요소였다. 홈페이지를 통해 게임 다운로드가 잘 되는지 테스트 요청이 계속해서 들어와서 자리에 앉아 홈페이지에서 게임 다운로드 버튼만 수십번 눌러보고 그 와중에 게임 홈페이지 문구에 오타가 있으면 서비스 지원 팀에 수정을 요청하는 등 하나라도 빠진 것이 있는지 찾기 위해 혈안이 되어 있었다. 개발 기간이 길었던 탓인지는 모르겠지만 여행가기 전 공항에서 비행기를 기다리는 아이처럼 유독 게임 출시를 기다리는 시간은 기대와 기쁨으로 가득 차 있었다. 자정을 넘어 새벽 시간을 지나가고 있을 때가 되니 수면실에 잠을 청하러 가는 팀원들이 점차 생기기 시작했고 몇몇 사람들은 야식을 시켜 먹으면서 자리를 지키는 장면도 연출됐다. 그 당시 새벽 시간에 회사에서 먹는 햄버거가 어찌나 맛있었는지 생각해 보면 확실히 지금보다 혈기왕성했던 것 같다. 모바일 게임의 경우 출시 이후 게임 다운로드 수를 확인하면서 출시한 것을 실감했다면 그 때는 게임 홈페이지에 회원 가입자 수를 표시해 주었는데 회원 수는 아직 0이었다(물론 당시 모든 게임이 홈페이지에 회원수를 표시한 건 아니었다). 날이 밝고 예정된 시간이 다가 오면서 홈페이지를 먼저 오픈했다. 게임을 미리 다운로드 할 수 있도록 열어두어 게임 설치나 다운로드에 문제가 없는지를 우선 확인하는 시간이었다. 회원 가입자 숫자가 0에서 순식간에 천 단위로 올라가면서 동시에 게시판에 수십 개의 글이 쓰이기 시작했다. 빠르게 작성되는 게시판의 글들을 보면서 게임이 정말 출시된 것임을 그제야 체감할 수 있었다. 직원들은 계속해서 올라가는 글들을 읽기 바빴고 글 내용이 무엇이 되었든 신기하고 즐거운 경험이었다.

그때엔 나도 한 명의 유저가 되어 게임을 다운로드 받고 설치하여 오픈되기를 함께 기다렸다. 게시판의 카운트다운과 동시에 게임이 오픈되어 수천 개의 경주가 동시에 시작됐다. 사무실에서는 오픈 축하 케이크를 준비해 팀원들과 즐거움을 공유했다. 오픈 과정이 마냥 순탄한 것만은 아니었지만 흔히 인터넷에서 놀림거리로 돌아다니는 자잘한 점검들이 소소하게 발생한 정도였고 다행히 게임을 즐기는 유저들은 큰 불만을 토로하지 않았다. 게임을 출시하고 나서는 한동안 게임에서 발생되는 문제를 최대한 빠르게 보완하기 위한 해결 방안을 모색하는 일이 이어졌다.

게임 출시는 개발자에게는 손에 꼽을 정도의 경험이기에 나 역시 출시하기 전에 준비했던 일들이나 받았던 스트레스들까지 모두 생생하게 기억한다. 게임 서비스가 원활하게 되지 않아 내가 만들었던 게임이 사라지는 것 또한 매우 슬픈 일이지만 서비스 종료라는 것 또한 출시를 한 게임에 한해서 가능한 이야기이다. 혼자서 게임을 개발하지 않는 이상 신작 게임을 개발하는 팀에 소속되면 언제나 접힐 수 있다는 것을 인지하고 있어야 한다. (물론 개발을 할 때 접힐 것을 미리 염두 해두고 개발을 하는 일을 없어야 한다. 누가 내일 당장 사라질 지도 모르는 일을 열심히 하려 하겠는가.)

새로운 회사로 취업해야 할 때였다. 당시 모바일 게임 시장에서 흔하지 않았던 장르와 콘셉트로 게임을 개발하는 팀을 찾아 지원을 하게 되었는데 소규모의 인원을 막 정식 개발을 시작했을 시점에 합류하게 되었다. 금전적으로 큰 성과를 얻을 수 있을지는 불투명했으나 게임 자체로는 높은 평가를 받을 수 있을 것과 내가 기획을 해 보지 않았던 장르에 도전할 수 있는 기회가 주어진다는 점

때문에 새로운 팀에 큰 만족감을 느끼고 있었다. 아직 출시가 결정되지 않았던 개발 팀이었기에 일정 주기로 상위 결정권자에게 개발 진척도를 보고해야 했다. 이는 개발을 계속 진행하는 것에 대한 가능성을 평가받는 중요한 자리였다. 실제 플레이가 가능한 테스트 버전의 게임을 시연하고 앞으로 준비하고 있는 계획 등을 자료를 팀장님이 발표하는 순으로 진행됐다. 보고는 대략 3~5개월에 한 번씩 진행되어 개발 일정을 보고 날짜에 맞춰 짜는 것이 일반적이었다. 하지만 그렇게 1년이 조금 넘는 시간 동안 프로젝트가 진행됐지만 개발을 중단해야 했다.

개발이 중단되었을 때 자신이 어느 위치에 있었고 얼마만큼의 기간 동안 개발을 했었는지 그리고 어떤 생각으로 게임을 개발하고 있었는지 등에 따라 전혀 다른 심정이 된다. 자신이 개발했던 게임을 어떻게 생각했고 어떤 자세로 개발에 임했는지에 따라 6개월이라는 비교적 짧은 시간을 개발한 게임이 중단되어도 큰 정신적인 피해를 입을 수도 있고, 2~3년 긴 시간 개발을 한 게임이 중단되어도 별다른 타격을 받지 않는 사람들도 있다.

그나마 개발이 중단되기 전에 그 해에 열린 게임쇼에서 출시예정 게임이라는 타이틀로 동영상이 공개되면서 내가 했던 일이 세상에서 아무도 모르게 사라지지 않았다는 것을 보여주며 위안을 받을 수 있었다. 내가 노력한 무언가가 성공도 실패도 볼 수 없는, 어떤 결과물도 없이 사라진다는 것은 굉장히 슬픈 일이다. 게임 기획자로서 사람들에게 재미있는 무언가를 제공하기 위해 노력하고 있지만 때로는 내가 하는 일이 의미가 없지 않다는 것을 증명하기 위해 기획서를 작성하곤 한다.

Q&A

게임 기획자를 하면서
가장 행복했을 때는 언제인가요?

내가 게임을 개발하는 이유는 누군가가 즐거운 시간을 보낼 수 있도록 도울 수 있는 콘텐츠를 만들 수 있는 일이기 때문이다. 기획 단계부터 구현 단계를 거쳐 완성된 게임을 누군가가 즐겁게 즐기는 모습을 볼 때 기획자로 행복함을 마음껏 누릴 수 있다. 때문에 개발 과정에서 내 의견이 잘 전달되거나 반영되지 않아 답답한 일이 생기더라도 혹은 해결되지 않는 문제를 오랜 시간 붙잡고 있더라도 사람들로부터 재미있다는 이야기를 들으면 금세 그 힘듦을 잊고 개발에 다시 집중할 수 있는 힘을 얻게 된다.

내가 좋아하는 무언가를 다른 사람과 완벽하게 나눌 수 있다면 그보다 즐거운 일은 없을 것이다. 내가 본 영화를 내 옆에 있는 사람도 즐겁게 봤다면 그날은 영화 이야기만으로 밤새 즐거운 시간을 보낼 수 있는 것과 같다. 이처럼 내가 누군가와 같이 공유할 수 있는 즐거운 경험을 제공해 줄 수 있다는 직업을 가졌다는 것은 나에게 큰 가치가 있다.

처음 참여하게 된 프로젝트에서 게임을 출시하고 한 달 정도가 지난 무렵이었다. 게임의 한 장면을 그린 그림을 전달 받게 되었다. 그 것은 내가 기획 담당했던 게임의 한 부분을 표현한 그림이었다. 게임을 너무나 재밌게 즐겼던 초등학생 여자 아이가 즐거웠던 경험을 그림으로 그려 홈페이지를 통해 보내왔던 것이다. 그림 안에는 게임 내용뿐 아니라 게임을 즐기며 자유롭게 상상했던 것도 포함되어 있었다. 그림을 받았을 때 '행복함'이라는 표현을 넘어서는 그 이상을 느꼈었다. 그 정도로 그 그림은 나에겐 큰 선물을 주었던 기억으로 남아 있다.

이처럼 즐거움에 대한 표현을 직접적으로 전달 받는 경우도 있지만 내가 직접 찾아보는 경우도 많다. 이를 통해 열심히 개발할 수 있는 에너지를 얻을 수 있기 때문이다. 개발하는 중간에도 시간이 날 때마다 웹 커뮤니티 페이지에 접속해서 게임을 즐기는 유저들이 게임에 대해 어떤 생각을 가지고 있고 표현을 하고 있는지 찾아서 확인하곤 한다. 이 경우에는 재밌다는 이야기보다는 얼마나 많은 사람들이 관심을 가지고 있는지 그리고 게임에서 어떤 내용에 관심이 쏠리고 있는지 등의 지표를 확인하는 용도로 참고하기 위해서다.

이처럼 누군가의 관심을 받는다는 것은 좋든 싫든 매우 귀중한 경험임을 게임 기획자가 되고 나서 뒤늦게 깨닫게 되었다. 특히 게임은 관심을 받지 못한다면 이미 죽은 것과 다름 없기 때문이다. 그래서 많은 관심을 (가급적 좋은 쪽으로) 받을 수 있는 게임에 대해 생각하고 이미 관심을 많이 받고 있는 게임들에도 시선을 놓지 않으려 한다.

이러한 것뿐 아니라 게임으로 이어진 짧은 만남들에서도 비슷한 경험이 있다. 컨퍼런스에서 발표를 하던 어느 해에 개발에 참여했던 게임을 인상 깊게 플레이 했다고 이야기해 주는 분들을 만나게 된 적이 있다. 그중 한 분은 만남을 잊지 않겠다며 명함과 동시에 사인을 요청한 일이 있었다. 그 짧은 순간의 경험이 기억에서 사라지지 않고 간혹 떠오르곤 한다. 이는 나 스스로 더 좋은 기획자가 되고자 하는 마음에 원동력이 되었다. 이처럼 게임 기획자로 일하며 얻는 원동력의 대부분은 이처럼 내가 겪고 기억하고 있는 어딘가에 쌓여있는 게임을 통해 얻었던 행복했던 기억들이다.

출시했던 게임을 플레이한 유저가 보내 준
자신의 게임 경험을 담은 그림

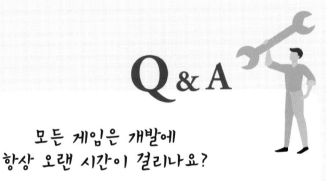

Q & A

모든 게임은 개발에
항상 오랜 시간이 걸리나요?

어떤 게임을 개발하는지에 따라 시간의 차이가 있겠지만 게임이 아니더라도 다른 누군

가의 시간을 소비하는 무언가를 만든다는 것은 굉장히 어려운 일이다. 몇 년 동안 수십

억을 써가면서 수백 명의 사람들이 두 시간 남짓 되는 시간의 영화를 제작하는 것만 봐

도 쉽게 알 수 있다. 게임을 개발하는 것도 그와 비슷하다. 게임 또한 많은 사람들이 오랜 기간 제작해야 하는 콘텐츠이기 때문이다. 더불어 게임 개발은 항상 처음 보는 길을 뛰어가면서 예상치 못한 장애물들과 계속해서 마주해야 하는 일이다. 장애물을 잘 넘어가면 다행이겠지만 넘어야 하는 장애물이 너무나 많이 있기에 어딘가에서 넘어지기 마련이다. 그 뿐만 아니라 문제는 다시 일어나는데 그를 해결하기 위해 걸리는 시간도 천차만별이다. 때로는 문제를 해결하지 못해 처음부터 다시 시작해야 하는 경우도 있을 정도다.

이와 같이 게임 개발이라는 장기 레이스를 겪다 보면 꽤 많은 개발 비화가 만들어지고 전해진다. 처음 생각했던 게임의 형태가 마지막까지 한 번도 변경되지 않고 개발된다면 많은 시간이 소비되지 않을지도 모르지만 사실 그건 거의 불가능한 일이다. 게임 개발에는 불가피하게 이러저러한 이유로 시행착오가 발생하면서 개발에 많은 시간이 필요하게 된다.

초기에 게임을 개발할 때에는 게임의 전반적인 내용을 모두 개발할 수가 없기 때문에 완성버전까지의 구체적인 계획을 세우기 위해 준비를 하게 되고 그 일환으로 프로토타입이라는 버전을 개발하게 된다. 프로토타입은 짧은 기간 내에 게임의 핵심만 뽑아 빠르게 개발하여 테스트를 하는 버전을 의미한다. 반복되는 프로토타입 개발을 통해 최종 완성 버전을 머릿속에 최대한 선명하게 그리고자 하는데, 이때는 하나의 프로토타입이 실패를 해도 되돌리는데 전혀 부담이 없어 나중에 발생할 위험 부담도 감소시켜준다는 장점이 있다. 즉 프로토타입을 이용하면 사용할 수 있는 시간을 최대한으로 활용할 수 있다.

게임 개발을 시작했다고 이야기한 시점부터 앞서 말한 프로토타입 개발에만 대략 1년 가량 기간이 필요할 수 있기에 프로토타입 개발 기간을 포함하여 총 개발 기간을 계산한다면 꽤 오랜 시간 개발을 한 것처럼 보일 수 있다. 이러한 프로토타입 개발 과정을 포함해 게임 개발을 진행하기 위해 개발 기간을 충분히 확보하고 진행한다면 굉장히 교과서적인 개발이라고 볼 수 있다.

같이 일하는 구성원에 대한 이야기도 빼놓을 수 없다. 이는 어느 팀에서나 최소 한 번은 겪게 될 이야기다. 게임을 개발하는 기간이 길어질수록 처음부터 같이 개발을 시작했던 팀원들과 이별을 겪을 가능성이 높아진다. 갑자기 이별이라는 것이 뜬금없을 수는 있지만 게임 업계가 이직이 잦은 편임을 떠올려 보면 상상하기 어려운 특별한 일은 아님을 알 수 있다. 다만 팀원의 이동이 잦아질수록 개발의 속도를 일정하게 맞추는 것이 더 어려워진다는 점이 있다. 새로운 팀원이 합류한 경우도 포함해 인수인계가 필요한 상황들이 많아질수록 자연스레 개발이 조금씩 연기될 수밖에 없다. 이 외에도 개발을 하던 중간에 갑자기 게임의 방향이 변경되어 꽤 많은 부분을 다시 개발해야 하는 상황이 발생하기도 한다. 또한 갑작스럽게 계획에 없는 요소를 개발하게 되며 예상했던 것보다 완성까지 필요한 시간이 계속해서 늘어나기도 한다.

위에 언급한 이유 말고도 더 다양한, 나도 경험해 보지 못한 상황이 무궁무진하다. 게임 개발이라는 것이 워낙 복잡한 과정들이 엮여 진행되는 것이다 보니 다양한 사건사고들이 생기기 때문이다. 때로는 정말 뜻밖에 사소한 일로 게임 개발이 중단되는 경우도 있다.

게임 회사 밖에서 :
게임 기획자의 대외 활동

　내가 했던 경험을 다른 사람에게 전달할 수 있다는 것은 무척이나 의미 있는 일이다. 물론 내가 한 경험이 우선 다른 사람에 의미가 있을 만큼의 가치를 지녀야 하겠지만 말이다. 게임을 출시하고 나서 내가 했던 일들의 기록을 정리하는 와중에 회사에서 사내 컨퍼런스를 진행한다는 소식은 듣고 부리나케 발표 준비를 시작했다. 왜 시작 했는지는 정확히 기억이 나지 않는다. 왠지 그냥 재밌는 경험을 할 수 있을 것이란 생각이 들었던 것 같다.

　평일에 업무 시간이 끝나면 회사에 남아 지금까지 내가 했던 일들을 정리했고 내가 했던 경험 중에 가장 의미 있는 내용을 고르는 것으로 시작했다. 가장 많은 기록이 남아 있고 과정 중에서 내가 방향을 결정하고 좋은 결과를 얻었던 기획 내용을 우선으로 검토했다. 발표까지 주어진 시간이 무한하지 않다보니 내가 했던 일을 집중해서 빠르게 정리하게 되었는데 발표가 아니었으면 그렇게 열심히 정리해 놓지 않았을 것이다. 그렇게 정리한 목록 중에 발표할 주제를 하나 선택해야 했다. 정리한 목록이 많은 양은 아니었지만 어느 하나 놓치고 싶지 않았기에 결정을 하는데 어려움이 있었다. 하지만 단순하게 내가 전달할 수 있는 정보의 양이 충분한 주제를 선택하고자 결심하고 나서는 주저하지 않고 하나를 결정할 수 있었다. 이제부터는 결정한 발표 주제를 어떤 내용으로 채워나가야 할지를 고민해야 할 순서다. 발표 자료를 만들거나 어떻게 발표를 해야 할까라는 생각이 들 때 인터넷에서 얻을 수 있는 정보나 관련 서적을 우선적으로 떠올려 볼 수 있다. 생각보다 굉장히 쉽게 그리고 많은 양의 정보를 구할 수 있는데 나 말고도 이미 많은 사람들이 같은 고민을 시작하고 해결하고자 노력하고 있다는 것을 체감할 수 있었다.

정보 검색은 스피치라는 단어로 시작해 볼 수 있다. 스피치를 통해 발표를 준비하는데 있어서 도움이 될 만한 강연이나 책, 학습 자료들을 참고해도 좋다. 다만 처음 시작할 때 외부 자료에 크게 의지 하지 않는 것을 추천한다. 누군가는 비효율적인 발표 준비라 이야기할 수 있지만 반론할 생각은 없다. 틀린 이야기라고 생각하지 않기 때문이다. 발표를 효율적으로 준비해서 끝내는 것이 목적인 경우라면 말이다. 게임 개발자가 발표를 할 수 있는 기회를 얻었을 때 내가 생각하는 목적은 정답을 빠르게 찾는 것이 아니라 찾아 가는 과정을 즐기는 것에 있다. 발표를 하기로 했다면 무사히 잘 마치는 것이 기본적인 목표가 되는 것은 자연스럽지만 여기서 내가 말하고자 하는 발표의 이점은 '준비하는 과정'이다. 발표는 내 생각의 흐름에 따라 시간 순서로 작성하는 경우가 많다 보니 자연스럽게 과거를 회상해 보게 되고 과거의 내가 놓치고 있었던 것들을 지금은 확실하게 갖추고 있는지를 다시 한 번 확인할 수 있는 좋은 시간이기 때문이다. 예습보다 중요한 게 복습이라고 이야기하듯 새로운 것을 배운 것보다 내가 했던 기획이 좋은 반응을 얻었거나 반대로 실수를 했던 기획들에 대해서 확실하게 인지하는 것이 훨씬 중요하다. 복습을 하면서 내가 한 단계 성장했다는 느낌을 받을 수 있다. 물론 이미 내가 결정하고 경험했던 내용이라 성장이 되어 있는 상태일 수 있으나 체감하지 못했던 성장의 경험을 복습을 통해 체험할 수 있게 되는 것이다.

알고 있는 내용이더라도 본인이 인지를 하고 있지 못하면 개발에 활용하기는 굉장히 어렵다. 또한 복습을 통한 내용이 성장에 충분하지 않을 수 있다. 그렇지만 성장하는 느낌만으로도 내 자존감이나 일에 대한 의욕을 상승시키는 보약으로 충분하다. 그렇게 정리된 내용을 발표 자료로 만들기 위해 순서대로 나열하여 큰 흐름을 작성한 다음 정해진 발표 시간에 맞춰 분량을 맞출 수 있는 내용으로 정리를 한다. 큰 제목을 어느 정도 정했다면 각 제목을 서로 다른 페이지에 작성해 놓고 제목에 어울리는 세부 내용으로 분리하여 채워 넣으면 된다. 정리된 내용을 그대로 발표 자료로 사용한다 해도 청중들을 이해시키기에는 무리가 없다. 하지만 자료를 만들다 보면 실제로 했던 일에 대한 전달 외에 내가 정말 하고 싶은 이야기를 추가하고 싶어진다. 단순히 했던 일에 대해 정리한 자료에는 포함되어 있지 않은 나의 생각이나 당시에 느꼈던 생각들을 다시 떠올려 보는 것도 좋고 이번에 정리하면서 새롭게 떠오른 생각도 좋다.

게임을 개발하면서 발표라는 것을 할 수 있는 기회가 얼마나 있을까. 기획자를 말을 많이 하는 직군임은 분명하지만 그렇다고 발표를 할 수 있는 기회가 자주 오는 것은 아니다. 어떤 사람은 기획자임에도 발표라는 것을 한 번도 경험하지 못하는 경우도 있다. 오히려 발표는 당연히 자주 하지 않는 것이 일반적으로 생각하는 사람이 훨씬 많다. 본인 힘만으로 개발을 하면서 주기적으로 발표할 수 있는 기회를 얻는 것은 매우 어려운 일이기에 기회가 자주 주어질 수 있는 팀이 있다면 우선적으로 취업을 고려해 보는 것도 추천하는 바이다. 그만큼 발표라는 것은 기획자에게 큰 도움이 된다.

때로는 발표를 하기 위해 기획에서 더 새로운 시도를 찾는 경우도 있다. 당연히 앞으로도 지속적으로 발표를 할 수 있는 기회를 만들고자 노력할 것이지만 이것의 근본적인 시작점으로 돌아와 본다면 단순히 발표자체를 하기 위함이 아닌 내가 기획자로서 성장을 하기 위한 하나의 방안으로서 사용하고자 함이라는 것을 잊어서는 안 된다. 발표에 대한 목표가 있다면 많은 청중들이 관심을 갖고 참여하는 큰 행사에서 발표를 하는 것이 좋다. 가장 크게는 TED나 GDC를 미래의 목표로 잡아 볼 수 있겠다. 이처럼 발표를 한다는 것은 내가 기획의 분야에서 좋은 성과를 얻어 공유할 수 있는 지식을 보유하는 것은 의미한다. 앞서 이야기했던 것처럼 결국 기획자로서 개발에 충실하고 계속해서 욕심을 갖고 노력하는 것을 현재의 과제로 갖고 해결해 나아가는 것이다. 발표를 잘하기 위한 스킬을 연구하고 준비하는 것보다는 기획자로서 좋은 게임을 개발하고자 노력하는 것이 앞으로 좋은 곳에서 발표를 할 수 있는 기회를 얻을 수 있는 유일한 방법이다.

세계에서 가장 유명한 개발자 컨퍼런스라고 하면 당연 GDC(Game Developers Conference)를 바로 떠올릴 수 있다. 그만큼 게임 개발자들에게 개발자가 경험하면 좋은 것을 뽑으라고 한다면 단연 GDC가 꼽힌다. GDC는 미국 샌프란시스코에서 진행되는 게임 개발자를 위한 컨퍼런스로 매년 한 번씩 개최된다. 물론 의사소통이 영어로 진행되기 때문에 외국어가 능통하다면 훨씬 더 많은 것들을 느끼고 경험할 수 있는 자리가 되겠지만 외국어가 부족하더라도 수만 명의 게임 개발자들로 개발의 열기를 느끼는 것에는 부족함이 없을 것이라 단언한다. 오히려 장애물은 비싼 티켓, 교통비, 숙박비 등등 참석하는데 필요한 모든 비용이 될 수 있다.

운 좋게 GDC에 참석할 수 있는 좋은 기회가 생겨 주저하지 않고 참석한 적이 있다. 이때의 기억이 아직까지 내 어딘가에 계속 머물러 있으면서 게임 개발자의 열정이 식지 않도록 지탱해 주고 있다. 특히 인상적이었던 시간은 개발자 어워드 시간이었다. 개발자들이 뽑은 최고의 게임을 선정하고 그에 따른 수상까지 진행하는 말 그대로 대종상의 게임 버전이다. 수천 명의 개발자들이 행사장에 참가하여 각 분야의 게임을 선정하고 선정된 개발자들이 단상에 올라가 수상의 기쁨을 누리고 동시에 참석한 모든 개발자들의 환호와 축하를 받는다. 수상자가 되어 단상의 올라가보는 것이 모든 개발자의 꿈이 아닐까 할 정도로 부족하지 않을 자리였다.

우리나라도 매년 대한민국 게임 대상을 진행하지만 관련된 소수만 참석하는 작은 행사로 끝나고 있어 짧은 시간이나마 실시간 방송으로 보고 있자면 아쉬움이 생긴다. 그렇지만 어디가 되었든 성공적인 게임을 개발하고 그 성과를 인정받는다는 것은 굉장히 의미 있는 일이고 누군가에는 평생의 목표가 될 수 있는 가치를 지닌 일이다. 좋은 평가를 받는 성공적인 게임을 개발하기 위해서는 내가 직접 하는 개발을 시작하는 것을 우선적으로 떠올릴 수 있지만 반대로 성공적인 게임이 될 것만 같은 게임을 개발하고 있는 팀에 합류를 하는 것도 하나의 방법이다.

게임이 성공을 거두는 과정까지 어떤 작은 한 부분이라도 나의 고민이 포함된다. 수치로 환산해 보면 100 만큼의 성공을 거두는 데 나의 노력이 최소 1이라도 포함 되도록 하기 위해 노력하는 것을 말한다. 모든 업계가 비슷하지만 내가 1만큼의 성과를 거두었다고 해서 다음에도 1만큼의 성과를 거둘 것이라고는 확신할 수 없다. 시장은 빠르게 변화하고 계속해서 새로운 기술들이 개발됨에 따라 더 많은 그리고 다른 능력을 요구하게 된다. 그렇기에 끊임없이 자기 개발을 하는 게임 개발자들을 어렵지 않게 볼 수 있다.

　나 역시 자기 개발의 일환으로 업무 이외 시간을 활용하여 마음이 맞는 지인들과 인디(Indie) 게임을 개발한 경험이 있다. 3년이 넘는 시간 동안 진행했지만 결과적으로 모두 실패했다. 여기서 실패란 상업적인 이득을 취하지 못했다는 의미보다는 처음에 의도했던 만큼의 개발이 이뤄지지 못했고 출시도 정상적으로 마무리되지 못한 것을 의미한다. 당시 서로 다른 직군의 사람들이 모였고 운이 좋게 기획 일을 도맡아 할 수 있었다. 회사 업무라는 핑계를 인질로 기획 작업을 꾸준히 하지 못했던 점이 실패에 가장 큰 이유였지만 그래도 게임을 개발했던 과정을 기록하고 실패하면서 새로운 통찰력을 얻을 수 있었고 업무 이외 시간을 추가로 활용해서 얻은 능력이라 더 의미가 있었다. 자기 개발에는 여러 가지 방법이 있겠지만 인디게임 개발은 그중 단연 효과가 뛰어난 방법 중에 하나라고 확신할 수 있다. 앞으로 또 다시 경험할 수 있는 날이 언제 올지 모르겠지만 지금에 와서 실패했다고 이야기한 인디게임 개발이 내게는 기획 능력을 향상시켜주는 하나의 '엣지'로 자리 잡고 있다. 혼자서 게임을 개발해 보는 것도 좋지만 앞으로 계속해서 1인 개발을 하고자 하는 목표가 있지 않다면 소수의 사람들과 같이 협업을 하며 개발하는 것을 우선적으로 추천한다. 내가 회사에서 게임을 개발하는 개발자로서 역량을 향상시키기 위해서는 혼자보다는 협업이 더 많은 결과를 가져다줄 것이다.

GDC 행사가 열리는 행사장의 모습

GDC 강연장 풍경

Q&A

게임 개발자
컨퍼런스란 무엇인가요?

게임 개발자 컨퍼런스란 게임 개발자들이 한 자리에 모여 각자의 분야에서 각자가 가지고 있는 지식 및 경험을 공유하는 자리라고 생각하면 된다. 처음 이 컨퍼런스를 들었을 때는 딱딱한 분위기의 강의 분위기로 생각할 수도 있다. 하지만 자유로운 분위기에서 진행되는 일종의 게임 개발자들을 위한 파티다.

때문에 게임 회사가 있는 웬만한 장소에서는 항상 게임 컨퍼런스가 개최된다. 대규모의 사람들을 초대해 진행하는 행사가 있기도 하고 재밌는 주제를 활용하여 소규모의 인원으로 진행하는 컨퍼런스도 있는 등 다양한 형태로 진행된다. 이런 컨퍼런스는 게임 업계 이외에도 찾아볼 수 있다. 주로 IT 분야의 컨퍼런스가 많이 개최된다.

그렇다면 어떤 컨퍼런스가 인기 있을까? 아무래도 좋은 강연이 생기면 많은 사람들이 참관하고자 몰려들게 된다. 때문에 컨퍼런스를 개최하는 입장에서는 좋은 강연을 섭외하는 것이 중요해지고 동시에 인기 있는 게임이나 개발자의 강연이 있는 것도 성공적인 컨퍼런스를 개최하기 위한 조건이 된 것 같다. 주로 컨퍼런스가 개최되는 시기에는 당연하지만 인기를 끌고 있는 게임 개발자들의 경험이나 지식을 나누는 강연에 관심이 쏠린다. 그 뿐만 아니라 강연의 수도 매우 중요하다. 게임 개발자의 분야가 워낙 다양하다보니 강연이 좋다고 하더라도 컨퍼런스에서 제공하는 강연의 분야가 좁을 경우엔 그만큼 각자에게 맞고 참관 가능한 사람의 수도 급격히 줄어들 수 있기 때문이다. 그렇기에 좋은 강연만큼 다양한 분야의 강연이 포진되어 있는 것이 중요하다. 다행하게도 게임 기획자에 대한 강연은 많은 편에 속한다.

컨퍼런스는 청중들에게 다양한 강연을 제공하기 위해 다양한 분야의 사람들의 강연으로 채워진다. 경력이 많은 베테랑을 위한 강연부터 신입 혹은 지망생들을 위한 강연까지 모두 즐길 수 있는 것을 고려하기 때문이다. 때문에 컨퍼런스에서 강연 시간표는 굉장히 중요하다. 시간표에 따라 컨퍼런스에 참관하는 인원이 큰 차이를 보이기 때문이고 시간표만으로도 많은 사람들이 참관할 것 같은 중요한 강연이 무엇인지도 예측할 수 있기 때문이다. 중요한 강연일수록 이른 시간에 배치하는 경향이 있는데, 인기가 있는 강연을 뒤쪽 순서로 배치하면 대부분 그 시간에 맞춰서 늦게 참관하러 오기 때문에 사람들의 참여 유도를 위해서 시간 배치를 고려하는 것 같았다. 때문에 컨퍼런스 날이 되면 대부분의 참관자들은 일찍 강연장에 도착해 강연 시간표를 보며 참관 계획을 세우곤 한다.

강연 시간표가 보통 학교 수업처럼 빈틈없이 짜여있긴 하지만 특정 시간대에 들을 강연이 없으면 잠깐 휴식을 취하며 다음 강연을 기다리는 게 되는데 이런 컨퍼런스에서는 강연 말고도 다양한 이벤트가 준비되어 있는 경우가 많다. 주로 게임 홍보를 위한 시연대가 있거나 게임 회사 홍보 차원에서 참관객들에게 선물을 나눠 주곤 한다. 관련 내용이 궁금하다면 게임 컨퍼런스에 대한 정보를 찾아 진행은 맡은 주최측의 웹페이지를 찾아보면 이전에 진행했던 분위기를 대략적으로 느껴 볼 수도 있다. 대부분의 게임 개발자 컨퍼런스는 게임 개발자가 아닌 사람들도 참여할 수 있도록 열려 있으니 신경 쓰지 않고 관심이 가는 컨퍼런스가 있다면 우선 신청해 보는 것이 좋다.

개발자 컨퍼런스에서 강연을 했던 모습

Q & A

게임 기획자가 되려면
발표를 잘 해야 하나요?

사실 게임을 개발하는 과정 중 발표를 해야 하는 일은 많지는 않다. 회의를 진행할 때에 나의 의견을 전달하거나 제안하고자 하는 내용을 설명하는 정도로 생각해 볼 수 있다. 평균적으로 발표라는 것을 할 일이 많지는 않겠지만 이 또한 각 팀의 문화나 분위기에 따라 꽤 많은 차이를 보인다. 몇몇 개발 팀은 일정 주기를 간격으로 발표를 장려하는 경우도 있다. 누군가 앞에서 발표를 하지 않더라도 무언가 의견을 전달하기 위한 자료를 만드는 일은 기획자가 가져가야 할 강점 중에 하나이다. 생각한 무언가를 정리하여 전달하는 일, 아는 것과 생각하는 것을 누군가에게 설명하고자 하는 일을 체계적으로 준비할수록 기획의 빈틈을 줄일 수 있기 때문이다. 때로는 번뜩이는 기획이 필요한 경우도 있지만 대부분은 빈틈없이 잘 정리된 기획으로 게임이 완성된다.

Q & A

게임쇼는
어떤 행사인가요?

국내에서는 매년 1회 지스타라는 게임 행사가 진행된다. 최근 몇 년 동안은 부산에서 진행되었는데 이후에도 아마 당분간 계속 부산에서 열릴 것으로 보인다. 아무튼 이 행사는 게임쇼라는 명칭으로 불리는 행사로 게임을 좋아하는 모든 사람들을 대상으로 여러 게임 업체가 참여하여 본인들의 게임을 홍보하고 새롭게 개발하는 신작 게임을 공개하는 자리다. 때문에 게임을 좋아하는 사람들에게는 게임쇼가 매년 기다려지는 축제로 자리를 잡았다.

해외에서도 유명한 게임쇼가 많이 열리는데 특히 미국, 일본, 유럽 그리고 최근에는 중국까지 세계인들을 대상으로 대대적으로 홍보를 하는 게임쇼를 쉽게 찾아 볼 수 있다. 게임을 개발하는 사람들에게는 어찌 보면 필연적으로 관심을 갖고 참여해야만 하는 행사기도 하다. 게임쇼를 할 때면 새롭게 개발한 게임들이 쏟아져 나오면서 게임과 연관된 인터넷 공간에는 온통 게임쇼에서 등장한 흥미로운 이야기들로 도배된다. 매일매일 새로운 정보들이 올라오고 정신없이 쏟아지는 이야기를 따라가는 것만 해도 즐거운 시간을 보낼 수 있다. 당연히 직접 참관하는 것이 가장 짜릿한 경험이겠지만 시간에 쫓겨 참석을 하지 못하는 경우가 많고 해외에서 열리는 게임쇼는 더더욱 선뜻 참관 여부를 결정하기가 쉽지 않다. 그렇다보니 개발자들의 대부분은 게임쇼에 참석하지 못하는 경우도 많다.

물론 업무의 연장선으로 참석을 하게 되는 기회도 생긴다. 주로 개발에 참여한 게임이 게임쇼를 통해 대중들에게 선보여질 때가 그렇다. 이때는 회사의 권유나 업무 차원에서 팀원들과 같이 참석할 수 있는 기회가 생긴다. 자신이 개발한 게임을 플레이하는 사람을 직접 본다는 경험은 굉장히 귀중하고 흔하지 않다 보니 언젠가 경험하게 된다면 최대한 적극적으로 분위기를 느끼고 기억 속에 오래 남겨 두는 것이 좋다.

만약 게임쇼에 가게 된다면 어떤 것들을 보고 경험할 수 있을까? 우선 게임쇼의 메인은 당연히 아직 출시되지 않은 게임들을 미리 경험해 볼 수 있다는 점이다. 각 게임 회사들은 준비한 게임을 홍보하기 위해 화려하게 제작한 영상들을 공개하고 간단히 플레이해 볼 수 있는 기회도 제공한다. 돌아다니면서 마음에 드는 게임을 플레이하는 것이 주된 관람 방법이다. 게임쇼에서 돌아다니다 보면 또 하나의 재밌는 경험을 할 수 있는데 바로 수많은 경품이다. 각 게임 회사에서 사람들이 갖고 싶어 할만한 경품을 준비하고 회사에서 진행하는 이벤트에 많은 사람들이 관심을 갖고 참여할 수 있도록 만들기 위해 경품을 사용한다. 그렇기에 보통 게임쇼에 참관을 하면 손에 바리바리 경품을 들고 나오는 사람들을 쉽게 목격할 수 있다.

이런 게임쇼는 주로 주말을 끼고 목요일부터 금요일까지 진행하는 경우가 대부분이다. 나는 회사에 출근하지 않는 주말에 시간을 내서 하루 정도 게임쇼를 참관하곤 했었고 아무래도 평일보다는 주말에 사람들이 많이 몰리는 편이었다. 게임 기획자를 꿈꾸고 있다면 게임에 관심을 갖고 게임을 즐겁게 즐기는 많은 사람들을 볼 수 있는 장소라는 점에서 게임쇼가 굉장히 매력적인 시간이 될 것이라 생각한다.

게임 기획자를 **4** 넘어서

떠나는
게임 기획자

　게임이 너무 좋아 직업으로 선택했지만 시간이 지날수록 게임과 멀어지는 사람들이 있다. 이 시간에도 직업으로서 게임 기획자에 대해 진지하게 고민하는 사람들로서는 아이러니한 일이다. 처음에는 다른 모두와 같은 이유로 게임 기획자가 되어 어느 한 조직에 속하여 게임 개발을 하고 있었지만 각자 무언가의 이유 때문에 게임 기획자로서 게임 개발을 이어가는 것이 어렵다고 판단한다. 그렇다면 이들은 왜 그렇게 판단했을까?

　게임 기획자로 부터 멀어지는 가장 우선으로 생각해 볼 수 있는 이유로 게임 기획자의 상상과 현실의 괴리감을 꼽을 수 있다. 기획자를 꿈꾸는 사람들에게는 좋지 않은 소식이겠지만 게임 기획자로서 게임 기획을 하면서 매번 새로운 즐거움을 느끼는 것은 매우 어려운 일이다. 어떤 장르의 게임을 개발하는지에 따라 기획자의 경험에도 큰 차이를 보이기 때문이다. 같은 장르의 게임이라 하더라도 서비스 중인 게임인지 아니면 새로운 신규 게임을 기획하는 것인지에 따라서도 매우 큰 차이가 난다. 이 때문에 게임 기획자로 게임 업계에 입문했다가 1년이 채 지나기 전에 다른 직업을 찾아보는 사람도 간혹 볼 수 있을 정도다. 게임 업계에 들어오기 전 본인이 상상했던 게임 개발의 모습과 많이 다른 경험을 한 것이다.

기획자에 대한 어떤 상상이 현실과의 괴리감을 만드는 것일까. 게임 업계를 떠난다는 사람을 직접 만나 이야기를 할 기회가 생길 때면 내심 아쉬운 마음에 떠나는 이유에 대해 물어보는데, 그중 대부분이 관계가 어렵다는 이유를 꼽는다. 게임 기획자가 개발을 하는 데에는 협업이 빼놓을 수 없는 핵심 키워드라고 앞서 언급했듯이 많은 의사소통을 필요로 하다 보니 사람과 부딪히는 일이 다른 직군의 비해 압도적으로 많다. 성별이나 나이 등의 이유로 불편함을 노골적으로 표현하는 사람을 만나거나 사적인 이유로 사이가 틀어져 기획을 진행하는데 애로 사항이 생기게 되면 기획의 결과물을 내놓기까지 많은 스트레스를 감안해야 한다. 게임을 만들기 위한 과정에 의사소통 없이 서로 각자 맡은 일만 진행해서는 완성된 게임을 결과로 만들어 내기가 어렵다. 그렇기에 팀원들끼리는 항상 유기적인 관계를 유지할 수 있는 방법을 모색해야 한다. 이러한 환경에서 불편한 사람만 피해 다니는 것은 불가능에 가깝다고 볼 수 있다. 더불어 이와 같은 조건에서 좋은 기획을 내놓고 게임이라는 결과물로 이어간다는 것은 굉장히 어려운 일일 수밖에 없다. 사이가 틀어지는 시간보다 회복에 필요한 시간을 곱절 이상으로 필요로 하는 인간관계를 고려할 만큼 게임 개발 일정은 넉넉하지 못하다. 그러니 대부분은 문제가 발생했다고 하더라도 어느 한쪽이 어떠한 형태로든 정리한다. 그래서 순간적으로 상황이 해결된 것처럼 보이는 경우도 많이 볼 수 있다. 물론 근본적인 해결은 누군가의 희생으로 이뤄지지 않기 때문에 근본적인 문제 해결은 특정한 개인에게 기대기보다 조직의 역량에 달려 있다고 할 수 있겠다. 그런 의미에서 내가 속한 개발 팀이 좋은 조직인지 아닌

지를 판단하기 위해서는 하나의 기준으로 해결 능력을 따져 보는 것도 좋다.

처음 이야기한 내용을 다시 언급해 보자면 앞서 인간관계에 따른 어려움을 우선 이야기했지만 그보다 더 깊은 바탕에는 기획자의 업무와도 상관관계가 깔려 있다. 내가 꿈꾸며 상상했던 직업이 현실이 되면서 상상과 다른 일을 하고 있을 때 어느 순간 내가 생각한 꿈과 멀어진다고 생각하는 시점이 올 것이라 의심치 않는다. 기획자에게는 창의적인 역량을 요구하지만 동시에 정해진 스케줄에 맞춰서 개발하는 것이 필요하기 때문에 시간적인 압박도 해결해야 한다. 이 과정에서 창의력과 마감의 중간 어딘가에서 자신이 가장 좋은 효율을 낼 수 있는 지점을 찾기 위한 고민과 고통이 반복된다. 때로는 재미를 주기 위한 기획이 아니라 문제를 해결하기 위한, 재미와는 전혀 관련 없는 기획을 해야 할 때도 있다. 이런 요인들은 게임의 완성도를 결정짓기에 반드시 필요한 작업이기도 하다. 뿐만 아니라 초기 기획 단계를 지나 구현을 위한 기획 문서를 정리하고 구현을 시작하면 마지막 결과가 나오기 전까지 재미라고는 전혀 느낄 수 없다고 생각하는 것이 좋다.

물론 무조건적으로 '게임 기획은 재미없어!'라고 이야기하는 것은 아니다. 게임을 하는 것과 게임 기획은 분명히 다르고 기획자가 되기 전에 상상했던 것보다 심하면 심했지 덜하지 않을 것이라는 현실에 대해 이야기 하고 싶었다. 게임 기획자를 직업으로 삼기 전에 혼자서 혹은 소규모의 인원으로 게임을 개발을 경험해 보는 것을 추천하는 것도 이러한 이유 때문이다. 이는 기획자로서 어떤 고민들이 필요한지 사전에 경험을 해 볼 수 있어 회사에서도 신입 사원을 채용할 때 사전 게임 개발 경험을 긍정적인 지표로 참고한다. 게임 기획자에게 좋은 아이디어는 게임 기획 업무에서 5% 정도의 비중이라 생각하면 된다. 게임의 재미는 당연히 좋은 아이디어로부터 시작되지만 아이디어를 제외한 나머지 95% 만큼을 다듬고 노력하여 개발함으로 인해 비로소 플레이할 수 있는 결과물로 완성이 될 수 있다.

어찌 보면 게임 기획자가 게임을 개발하는데 즐거움을 느끼는 시간보다 재밌는 기획을 끌어내지 못해 괴로워하는 시간이 훨씬 더 길지 모른다. 항간에는 게임만 좋아해서는 기획자가 될 수 없다고 이야기한다. 하지만 기획자는 게임을 좋아하는 것이 전제가 되어야 하는 직업임은 분명하다. 물론 단순히 게임만 좋아한다고 해서 직업으로 삼기에 위험하다는 의미일 것이다. 입사 후 초반, 괴리감으로 인해 떠나는 기획자에 대해 이야기를 했지만 초반을 넘어 중반으로 다다르게 되면 업계를 떠나게 만드는 또 다른 커다란 난관에 봉착한다. 바로 게임이 서비스를 하지 못하는 상황을 만나거나 게임 개발 중 출시를 하지 못하고 개발팀이 사라지게 되는 경험이다. 이 경우 새로운 게임을 개발하기 위해 자리를 이동해야 하고 이 과정에서 뒤돌아보는 시간을 갖게 되면서 기획자라는 직업에 대해 다시 한 번 생각을 하게 된다. 그리고 이로 인해 기획자가 업계를 떠나는 상황까지 이어진다.

실패라는 경험은 성공을 위해 필요한 하나의 과정이다. 그러므로 실패 자체가 문제가 되는 것은 아니다. 하지만 굉장히 오랜 기간 동안 반복해서 실패를 경험하게 된다면 생각이 달라질 수 있다. 만약 내가 주도적으로 진행을 하여 연속된 실패를 경험한다면 오히려 깔끔하게 포기할 수 있을지도 모른다. 스스로 게임 개발에 재능이 없다는 것을 확인할 수 있었으니 후회도 없다. 하지만 게임 개발은 한 사람의 주도적인 결정으로 개발되는 경우가 적고 무언가를 결정할 수 있는 위치까지 가는 것만으로도 적지 않은 시간을 필요로 한다. 그렇기에 어디에 문제가 있는지조차 쉽게 파악하기가 힘든 채 시간은 시간대로 흘러간다. 어떠한 경우에는 게임 개발과 전혀 관련 없는 문제로 하루아침에 개발하던 게임을 중단해야 하는 경우도 생긴다. 이러한 경우에는 누구를 탓해야 하는 것인지 조차 알 수가 없다. 내가 얼마큼 게임 개발을 좋아하고 잘하는지 알 기회도 없이 시간만 보낸 것이다.

이 때문에 기획자마다 선호하는 개발 팀에서도 차이를 볼 수 있다. 바로 시장에 서비스를 하고 있는 게임 개발 팀에 참여하는 것을 선호하는 것과 항상 새로운 것을 개발하는 개발 팀을 선호하는 두 가지다. 서비스를 하고 있는 게임인지 아니면 시장에 선보이기 위해 새로 개발하는 게임인지에 따라서도 기획자가 생각하는 관점이나 하는 일들에 차이가 생긴다. 신규 개발은 언제 어떻게 될지 모르는 하루하루를 보내지만 항상 새로운 것에 대해 고민을 해야 한다. 반면 라이브 서비스를 하는 게임은 완벽하게 새로운 것은 아니지만 유저들과 소통을 하며 게임의 완성도를 쌓아 올릴 수 있는 방법을 고민해야 한다. 이건 자신의 개발 성향에 따라 결정을 하게 되는데 어느 한 쪽이라도 반복적인 실패를 경험할 수 있는 여지는 충분히 존재하기 때문에 기획자는 본인의 성향을 파악하여 결정을 해야 한다.

지금까지 실패에 대해 이야기를 하고 필요성에 대해서도 이야기를 했지만 게임 기획자는 실패를 보고 개발을 하는 사람들은 아니다. 게임 기획자라면 게임을 원하는 사람들이 즐겁게 즐길 수 있는 그런 성공적인 결과를 기대하며 개발을 해야 한다. 하지만 실패를 거듭하다 보면 직업으로서 게임 기획자의 만족도가 떨어지고 동시에 개발 의욕도 급속도로 떨어지게 된다. 출시까지도 어렵지만, 출시 이후에도 성공하는 게임의 비율이 5% 미만이고 출시조차 못하는 개발 팀까지 고려한다면 직업으로 보람을 느낄 수 있는 확률은 절망적일 수밖에 없다.

이로 인해 게임 개발을 중단하고 떠나는 사람도 있고 차선으로 직군을 변경하려는 시도를 하는 경우도 있다. 그래픽 혹은 프로그래밍을 개인적으로 공부하여 기획자가 아닌 다른 게임 개발 직군으로 가는 경우다. 직군을 변경하는 이유는 기획자가 적성에 맞지 않는다고 생각해서도 있지만 반복되는 실패로 인해 언제까지 게임 기획자를 할 수 있을지 확신할 수 없는 불안감도 한 몫 한다. 게임 개발자의 정년이 언제까지인지, 정년은 있는 것인지는 아직 알 수 없다. 해가 지나갈수록 새로운 게임 개발 방식이 만들어지고 반영되면서 팀의 형태 또한 바뀌어 간다. 이런 과정에서 기획자에게 어떠한 능력들을 요구하게 될 것인지도 지켜봐야 할 것이고 기획자의 업무도 전문화가 되어 가는 과정 속에서 사라지는 기획자들의 모습도 상상해 볼 수 있다. 배운 게 도둑질이라고 기획자를 떠나더라도 완전하게 새로운 직업이 아닌 다른 업계에서 비슷한 일을 하는 경우도 있다.

게임 기획자를 포기하고 떠나는 사람들은 보는 것은 언제나 슬픈 일이지만 그들에게 새로운 비전을 제시해 줄 수 없는 현 상황에서 그저 밝은 미래를 이야기하기란 쉽지 않다. 남아 있는 기획자들의 입지도 여유롭지 못하기 때문이다. 서로 다른 직군의 만족도 점수를 비교하면 기획자가 낮은 평가를 받는 경우가 많다. 개발 팀원들 입장에서 봤을 때 게임 기획을 잘하는 사람과 그렇지 못한 사람의 편차가 심하고 그마저도 잘하는 사람들의 비율이 다른 직군에 비해 낮기 때문이다. 기획은 눈에 보이는 기술이 아니기 때문에 평가의 기준이 매우 추상적이지만 추상적인 평가라 할지라도 생각해 볼 여지는 충분하다.

이런 인식이 있다는 것을 인지한 후에 게임 기획자를 포기하는 사람도 있다. 반면 편차가 심한 만큼 굉장히 큰 만족감을 느끼는 기획자도 분명 존재한다. 국내에서 지속적으로 좋은 게임이 개발되고 시장에서도 좋은 평가를 받는다면 자연스럽게 해결될 수도 있지만 단기간에 달성되기는 어렵다고 판단된다. 게임 기획자를 직업을 삼는다는 것을 위와 같은 상황을 인지하고 감안하여 진입하는 것이 가장 이상적이다. 적어도 기획자로 이루고자 하는 확실한 목표를 갖고 있을 만큼 게임에 대해 오랜 시간 생각해 보는 것이 좋다. 어떤 업계이든 종사자들의 전문성이 쌓이고 발전을 해야 지속해서 오랜 시간 산업이 유지될 수 있다. 계속해서 들어오는 사람들이 있다고 하더라도 그만큼 빠져 나간다면 제자리를 지키는 것조차 힘겨울 수밖에 없다. 더 좋은 게임을 개발하기 위해서라도 더 훌륭한 게임 기획자가 필요하다.

게임 기획자는
야근을 많이 하나요?

게임 개발을 하지 않는 사람들을 만날 때면 평소에 게임 개발자에 대해 어떤 생각을 갖고 있는지 알 수 있다. 보통 대화의 첫 운은 항상 "게임 회사는 야근을 많이 하지 않나요?"라는 말로 시작한다. 게임 회사에서 일하는 사람들은 매일매일 야근과 철야를 반복하며 게임을 개발한다는 이미지가 보편적이다. 언제부터 이런 게임 개발자의 이미지가 대중화되었는지 알 수 없으나 이는 현재까지도 게임 개발자에 대한 흔한 인식인 것 같다. 하지만 실제로 게임 개발자라고 해서 야근을 꼭 많이 한다곤 할 수 없다.

내가 게임 개발을 처음 시작하던 10년 전, 혹은 국내 게임 개발이 시작되는 25년 전으로 거슬러 올라가 보자. 소규모의 인원이 밤을 새가며 게임을 개발하는 것이 일상이었던 시절이었다. 하지만 그 이후에 게임 사업이 성장함에 따라 이러한 업무 환경도 많은 변화가 생겼다. 그렇지만 게임 기획자와 야근은 완전히 분리하기 어렵다. 가장 큰 이유는 기획자가 개발 단계에서 맡게 되는 업무의 양을 항상 정량적으로 측정하고 맞출 수 없기 때문이다. 이는 언제 일이 끝날 수 있을지 예측하기 어렵다는 것과 동일한 말이다. 그렇다면 지금은 기획 일을 할 때 어떤 기준으로 일정을 정하고 진행하고 있을까?

게임 기획은 진행하고자 하는 기획의 방향, 게임에서의 중요도, 그리고 어느 정도 규모의 콘텐츠인지 등의 기준을 가지고 대략적인 예측을 한다. 예를 들어 전투 시스템을 기획한다고 해 보자. 어떤 장르의 게임인지에 따라 굉장히 복잡한 전투를 할 수도 있고 반대로 간단한 전투를 지향하는 경우도 있다. 간단한 전투를 하는 게임이라고 하더라도 기획을 쉽게 할 수 있다는 의미는 아니다. 전투 시스템은 보통 게임에서 굉장히 높은 중요도를 가지고 있는 부분으로 아무리 간단한 전투를 지향한다고 하더라도 빠르게 기획하고 결정할 수는 없다. 즉 게임에서 어떤 부분을 기획하는지에 따라 그 중요도를 감안하여 기준을 세우고 그에 따라 일정을 배분하고 기획을 진행한다. 때로는 일정 내에 아무런 기획을 떠올리지 못해 일정이 연기되는 경우도 있다. 측정할 수 없는 일들을 연속적으로 체크해야 하고 진행하다 보니 야근을 하는 경우도 자연스럽게 생긴다. 간혹 기획을 모두 마무리 했음에도 뒤늦게 문제를 발견하여 다시 처음부터 작업을 시작해야 하는 상황이 생기기에 자연스럽게 야근을 하게 되기도 한다. 기획 업무는 잘게 쪼개서 배분할 수 없는 경우가 많기 때문에 게임 핵심 요소들을 기획할 때에는 장기적인 업무로 분류된다.

그렇다면 게임 기획자에게는 야근이 필수적일까? 반복적인 야근이 업무 효율을 떨어뜨린다는 것은 누구나 알고 있는 내용이다. 야근을 피할 수 없는 상황이 생겼다면 어떤 이유로 야근을 하게 되었는지를 생각하고 이후에 비슷한 업무를 할 때에 야근으로 이어졌던 문제들을 사전 검토하고 업무에 필요한 시간을 정확하게 산정하는 것이 필요하다. 사전에 예측할 수 있는 기획의 범위를 넓혀 보다 정확하게 업무를 파악하여 전달하는 것이 중요하다. 이를 통해 일정을 효율적으로 관리함으로 불필요한 야근을 최대한 줄일 수 있게 된다.

Q&A

게임 회사에서 대기업과
중소기업의 차이점은 무엇인가요?

게임 업계에도 소수의 대기업과 다수의 중소기업들이 자리를 잡고 있다. 인터넷에서 게임 회사를 검색해 보면 대기업은 많이 들어봤을 법한 회사들이다. 그에 반해 중소기업은 회사 이름보다는 오히려 게임명이 익숙하게 느껴질 수 있다.

회사의 규모를 구분하는 가장 간단한 방법은 직원 수다. 직원 수가 많으면 대기업, 적으면 중소기업으로 생각하면 된다. 회사를 검색해서 직원 수를 확인했을 때 300명 미만인 경우엔 중소기업으로 생각하면 된다. 물론 직원 수가 많다고 무조건 대기업으로 분류되는 것은 아니다. 이 글에서는 편의상 인원을 기준으로만 설명하겠다.

게임 회사의 대기업은 여러 개의 게임을 동시에 개발하고 서비스한다. 중소기업은 하나의 게임을 개발해 모든 힘을 쏟고 개발이 완료되어 시장에 서비스를 시작해 어느 정도 성과를 거두어야 다시금 하나둘씩 새로운 게임 개발을 진행할 수 있게 된다. 그렇기에 게임 회사에 취업하고자 중소기업에 지원했다면 회사를 대표하는 게임을 개발하게 될 확률이 매우 높다. 하지만 반대로 대기업의 경우 어떤 팀에 소속되는지도 모른 채로 입사하는 경우가 많다.

게임 업계에 종사하는 한 명의 게임 기획자의 입장에서 경험하고 주변 사람들에게 들은 이야기를 토대로 대기업과 중소기업의 장단점을 소개하고자 한다. 우선 대기업의 경우 상대적으로 경제적으로 안정감을 누릴 수 있다. 아무래도 회사의 규모가 크다 보니 월급을 안정적으로 받을 수 있고 직원들을 위한 부대시설을 잘 마련해 놓아 편리하게 회사 생활을 할 수 있다. (부대시설은 휴식 공간, 카페, 헬스장, 도서관 등을 의미한다.) 교육적인 측면에서도 혜택을 받을 수 있는 기회가 많다는 것도 장점이다. 회사 자체에서 교육을 제공하는 경우도 있고 외부에서 진행하는 교육의 정보를 보다 쉽게 전달 받을 수 있다. 그리고 게임 개발에서는 큰 규모의 게임을 개발하게 될 확률이 높다. 또한 그런 규모의 게임 개발을 위해서는 많은 인원이 필요하다 보니 다양한 기획자를 만나볼 수 있다는 것도 장점이다. 팀 자체의 규모가 크다면 그만큼 많은 기획자들과 같이 개발을 하게될 것이고 그렇다면 다른 기획자들은 어떤 방식으로 일을 하고 생각하는 지를 배울 수 있다.

단점을 꼽자면 내 의지와 관계 없이 나와 맞지 않는 팀에 소속될 확률이 높다는 점이다. 앞서 이야기했듯 대기업에 입사하게 되면(특히 공채의 경우) 내가 소속되고자 하는 팀을 선택할 수 있는 기회가 많지 않다. 따라서 생각하지 못했던 팀에 소속될 수 있는데 팀에도 성향이 있기 때문에 나와 잘 맞거나 혹은 맞지 않을 수 있다. 더불어 다양한 기획 업무를 할 수 있는 기회가 적다는 단점이 있다. 처음부터 다양한 기획 업무를 맡는 것이 좋다고 생각할 수는 없지만 오랜 시간 계속되는 업무에 변화가 생길 여지가 적다면 오히려 단점이 될 수 있다.

중소기업에서의 기획 업무는 이것저것 다양한 업무를 해야 한다고 생각하기 쉽다. 하지만 생각보다 최근에는 업무 분업화가 잘 되어 있어서 예상과 다르게 대기업과 비슷한 업무 경험을 할 수 있다. 하지만 아무래도 확률적으로 전문적으로 하나의 업무를 맡는 것보다 다양한 업무를 맡게 될 확률이 높은 것은 사실이다. 다양한 업무를 맡는다는 것은 양날의 칼로 생각하면 된다. 초반에 업무를 배울 수 있는 기회가 된다는 점에서는 긍정적이지만 시간이 갈수록 전문화가 되지 않고 모든 것을 얕게만 습득한 기획자가 될 수 있다는 점에서는 경계해야 한다.

그렇다면 월급 부분은 어떨까? 아무래도 대기업보다는 중소기업이 적지 않을까 생각할 수도 있다. 하지만 예상 외로 대기업이라고 하더라도 무조건 월급이 높은 것은 아니다. 사회 초년생에게는 대기업의 초봉이 높게 느껴지는 것은 사실이다. 하지만 경력자의 입장에서는 때로는 중소기업의 월급이 더 많은 경우도 있다.

번외로 인디게임 개발 팀에 대해 언급하고 싶다. 인디라는 이름에서도 느껴지듯, 인디게임 개발 팀은 환경에 구애받지 않고 원하는 게임을 개발할 수 있는 자유도가 높다는 것이 가장 큰 장점이다. 몇 년 전부터 전 세계적으로 유저들의 인디게임에 대한 관심도가 점차 높아지고 있다. 그렇기에 참고로 국내에서는 어떤 사람들이 인디게임을 개발하고 있는지 찾아보는 것도 도움이 된다.

이 글에서는 대기업이 좋은지 중소기업이 좋은지는 명확하게 언급하지 않으려 한다. 각 회사별로 각각 장단점이 있기 때문이다. 각 개인이 우선 회사에서 어떤 게임을 개발하고 서비스하는지 확인하고 내가 개발하고 싶은 게임이 어떤 쪽인지를 가장 중요한 기준으로 세우고 회사를 선택하길 바란다. 그 외의 것들은 부차적인 것일 뿐이다.

Q & A

기획자를 하다가 다른 직군의 개발자로 넘어갈 수 있나요?

흔한 경우는 아니지만 서로 다른 이유로 개발자로서의 진로를 바꾸려는 사람들이 있다. 게임 기획자로서 게임 개발을 하다가 기획자가 아닌 다른 직군의 개발자로 전직하는 경우를 간혹 볼 수 있다. 만약 게임 개발을 하는 중에도 나에게 맞는 게임 개발자의 길을 찾지 못했다고 생각한다면 더욱 먼 미래를 위해서는 한번쯤 충분히 고려해 볼 수 있는 선택지다. 물론 전직을 한다는 생각은 생각보다 훨씬 더 큰 결심을 요하는 결정이다. 또한 전직을 결정했다고 하더라도 전직 준비에도 시간이 적지 않게 필요하다.

주변의 사례를 보았을 때 성공적으로 직군을 변경한 사람도 간간히 있다. 여기서 성공적이라고 말한 의미는 변경한 직군에서 계속해서 게임 개발에 참여하고 있는 사례로 생각하면 된다. 전직은 협업 관계에 있는 개발자의 직군 내에서의 변경을 의미한다. 여기에서는 기획자의 직군 변경 중 그나마 큰 비중을 차지하는 프로그래머로 전직한 사례를 이야기해 보고자 한다.

A는 기획자로 6년가량 개발에 참여했던 사람이다. 그는 기획자로 개발에 참여하던 중 그가 생각했던 게임 개발이 기획자보다는 프로그래머와 더 가깝다는 느낌을 받게 됐다. A는 장기적인 계획을 세우거나 문서를 통해 의견을 전달하는 것보다 사소한 것이라도 결과물을 통해 지속적으로 피드백을 받으며 개발할 수 있다는 점이 자신의 성향과

더 맞다고 느끼게 된 것이다. 또한 평소 생각 방식이 프로그래머와 비슷하다는 이야기를 주변에서 많이 들었기에 이를 깨닫게 된 시점부터 뒤늦게 프로그래밍 공부를 시작했다. 그렇게 A는 기획자로 일한 6년이라는 짧지 않은 시간동안 개발에서 만족감을 더 느낀 포인트가 어디인지 조금씩 찾아가게 되었고 2년이라는 시간동안 기획자와 프로그래머로 겸임을 하며 개인적으로 프로그래머를 준비하게 됐다. A는 이후 6년이라는 기획자로서의 경력을 포기하고 간단한 업무를 담당하는 신입 프로그래머로 일할 수 있는 회사를 찾아 떠났다. 그는 다행히 업무를 잘 배울 수 있는 좋은 회사에 입사하였고 프로그래머로서의 경력으로 다시 경력을 채워 나가는 중이다.

이 사례만 보자면 "2년만 준비하면 프로그래머로 성공적인 전직을 할 수 있나요?"라고 물어볼 수도 있겠다. 하지만 그에 대해 희망적인 답변을 선뜻 주긴 어렵다. 개인적으로 앞서 언급한 사례는 일이 굉장히 잘 풀린 경우라고 생각하기 때문이다. 덧붙여 당사자의 능력도 뛰어난 경우다.

이와는 반대로 프로그래머에서 기획자로 전직하는 경우도 있다. 이는 상대적으로 준비하는 시간이 오래 걸리지는 않는다. 하지만 기존 프로그래머의 경력을 포기한다는 점에서 고민의 정도는 비슷하다고 생각하면 된다. 어느 직군에서 전직을 하는지와는 관계없이 경력이 쌓여갈수록 선택의 난이도는 점점 더 올라간다. 그렇기에 게임 개발자라는 직업의 범위에서 자신의 적성에 맞는 직군을 찾기 위해서 실행에 옮기는 시기는 빠를수록 좋다.

Q & A

게임 회사에서 휴가는
자유롭게 사용할 수 있나요?

게임 회사는 가급적 각자의 휴가를 자유롭게 사용할 수 있도록 한다. 회사에 따라 휴가를 제공하는 규정이나 방식은 대부분 비슷하겠지만, 받은 휴가를 어떻게 사용할지는 각 회사나 팀에 따라 다를 수 있다.

보통 휴가는 전날이나 급할 경우 당일에도 결재 받을 수 있는 편이다. 연속해서 2~3일 정도까지도 휴가 잔여일만 남아있다면 큰 어려움 없이 휴가를 쓸 수 있다. 다만 개발을 진행하며 휴가를 사용하기 어려운 상황들도 있다. 할당되어 있는 일이 가까운 시일 내에 개발이 마무리되어야 하는 등의 마감 기한이 있는 경우가 이에 해당한다. 특히 사용자들에게 서비스되고 있는 게임이라면, 휴가를 사용하고자 하는 날짜를 고를 때 업무 일정을 고려하여 결정해야 한다. 하루 정도는 크게 상관없겠지만 3일 이상 장기 휴가를 사용할 계획이 있다면 사전에 미리 공유하여 맡은 일을 예정보다 일찍 마무리하거나 계획했던 중요한 업무 일정을 변경하는 등의 조율은 필수다.

이처럼 게임 개발은 항상 언제 무슨 일이 생길지 예측하기 힘든 나날이 반복되기 때문에 휴가 계획이 있었더라도 사용하지 못하게 되거나 의외의 상황에서 휴가를 사용할 수 있게 되곤 한다. 그렇기에 최대한 자신의 컨디션을 유지할 수 있도록 일정 관리를 잘해서 적절하게 휴식을 취할 수 있도록 휴가 계획을 짜는 것이 좋다.

게임 기획자의
고민

　기획자들은 어떤 고민들을 하면서 하루하루를 보낼까. 물론 게임을 재밌게 만들기 위한 고민에 가장 많은 시간을 보내겠지만 게임의 재미 외에 게임 기획자를 하기 위한 경력 관리도 고민하게 된다. 바로 기획의 전문성을 위한 방법이나 자기 개발에 대한 것이다.

　게임 개발자로 경력을 가지고 있다면 어떤 게임을 얼마의 시간 동안 개발했는지에 대한 기록이 남는다. 이는 좋든 싫든 한 번 지나면 되돌릴 수 없는 기록이기도 하다. 그렇다면 당연히 좋은 게임을 잘 개발해서 성공한 이력이 있는 것이 최고일 것이다. 그렇지만 누구나 성공한 이력만 남길 수 있는 것이 아니기에 좋지 않은 경력을 남기지 않는 방법에 대해 이야기하고자 한다.

　경력은 남들에게 보여주기 위한 목적으로 사용되는 경우가 많다(특히 입사 지원을 할 때). 그와 동시에 자신이 게임 개발을 잘 하고 있는지 지표를 삼을 수 있는 발자취이기도 하다. 그렇기에 개발자로 성장해 나갈 수 있는 지표로 경력을 활용하고자 한다면 보다 경력 내용이 명확해질 필요가 있다. 즉 단순히 'A 게임을 개발하는 팀에 있었다'가 끝이 아니라 그 팀에서 어떤 부분의 기획을 맡았는지 등 당시 기획을 하며 했던 고민의 흔적을 기록으로 남길 필요가 있다.

시간이 흘러 경력이 쌓일수록 기획 능력 또한 이전 경험들이 쌓여 자연스럽게 발전해야 하지만 발전에 사용할 수 있는 재료가 충분하지 않다면 경력에 비해 실력이 제자리에 머무르는 안타까운 상황이 생길 수 있다. 이런 때에는 새로운 것을 익히는 것만큼 해 왔던 것을 지키는 것이 중요하다. 즉 경험을 실력으로 쌓아 올리기 위한 업무 복습을 추천한다. 내가 해 왔던 기획을 잊지 않고 기억하기 위한 방법이다. 설령 기획했던 것 중에 아무런 생각 없이 그냥 타 게임의 시스템을 그대로 차용했더라도 그 경험을 기록해 놓았다가 이후에 오로지 내 판단으로 기획을 할 수 있는 기회가 왔을 때 이전 경험을 참고하여 개선된 형태를 고려해 볼 수도 있다. 오랫동안 기억하기 위해 게임 개발을 하며 했던 작은 고민들까지 단순 기록, 되새김, 공유 등의 방법으로 복습하는 것이 좋다.

단순 기록은 내가 한 일들을 어딘가에 기록해 놓는 업무 일지라고 생각하면 된다. 몇몇 회사에서는 평가를 하기 위해서 작성을 하라고 시키는 곳도 있지만 강제로 시킨다고 하더라도 계속해서 작성하기는 쉽지 않다. 우선 업무 일지를 어디서 어떻게 작성할 것인지가 중요하다. 일기를 쓰는 것과 비교하면 좋다. 즉 업무 일지를 쓰는 것이 간단하고 편리해야 한다. 생각이 날 때 언제든지 작성할 수 있도록 접근성이 용이한지가 업무 일지를 작성할 도구를 선택하는 첫 번째 조건이다. 이어서 두 번째는 자주 확인할 수 있는 도구인지다. 작성한 내용들을 잘 써 놓고 보지 않는다면 복습의 효과가 떨어지기 마련이니 심심할 때 혹은 일이 잘 되지 않을 때 쉽게 볼 수 있는 공간에 놓을 수 있는 것이 좋다.

첫 회사에서는 업무 일지를 소홀히 쓰는 날이 태반이었다. 사실상 일지를 정리한다고 말하기에도 부끄러운 날들이 이어지는 와중에 운이 좋게도 당시 프로젝트 매니징을 담당해주시던 분께서 개인적으로 업무 일지에 대한 중요성을 설파해 주신 것을 듣게 되었다. 그 덕에 지금까지도 업무 일지를 중요하게 여기게 되었다.

무엇이든 본인이 편한 방법을 선택하여 작성하고 기획하며 했던 고민들을 기록하다 보면 중간중간 특별히 기억하고 싶은 큰 고민들이 생기게 된다. 이 경우에는 단순한 일지를 넘어 조금 더 자세하게 적어두는 것이 좋다. 데이터에 기반하여 기획을 결정하는 경우도 굉장히 많은 편이지만 결과적으로 마지막에는 항상 본인의 경험을 바탕으로 추상적인 고민을 거쳐 일명 '감'이라는 것에 의존하는 결정이 필요한 시기가 찾아오게 된다. 이런 상황에서 나의 어떤 '감'의 영역을 통해 결정하게 되었는지 확인하지 않고 넘어가는 경우가 많다. 이런 경우 작성한 기록을 되새김하여 내가 어떤 생각을 바탕으로 결정하였는지를 재확인할수 있다. 사람은 보통 똑같은 문제를 앞에 두고 시간이나 상황 그리고 위치에 따라 서로 다른 결정을 하게 되는데 어떤 생각을 근거 삼아 올곧이 내 결정을하는 경우가 있는 반면 생각해 오던 것과는 정반대의 잘못된 선택을 하는 경우도 적지 않다. 잘못된 결정을 하더라도 내 의지로 하는 것이 중요한데 주기적으로 건강검진을 받는 것처럼 평소 나의 생각을 기록하고 체크하여 실패가 반복되지 않도록 미연에 방지할 필요가 있다.

먼저 기획자가 된 이후에 고민해 볼 만한 것에 대해 이야기를 풀어 보았다. 이와 더불어 처음 게임 회사에 입사를 했을 때에 고려해 볼 만한 내용들도 있다. 우선 처음 입사하는 회사에서는 가급적 장기간 근속하는 것이 좋다. 필수라고 하기는 어렵지만 첫 회사에서 너무 빠른 시간에 회사를 옮기게 되면 이후에도 오랜 시간 회사에 근속하는 경험을 하기가 점점 어려워 질 수 있기 때문이다. 본인의 습관이 그렇게 만들어지는 것도 이유가 될 수 있고 이직할 때에 선택할 수 있는 회사의 폭도 점점 줄어드는 상황이 생기기도 하기 때문이다.

그렇기에 더더욱 첫 회사를 가장 신중하게 선택해야 하는데 보통 처음 입사하는 회사에서 업무 습관이나 생각하는 방식 등을 본인도 모르는 사이에 습득하게 된다. 이런 부분은 생각보다 쉽게 변하지 않는다. 아무것도 없는 백지 상태에서 회사와 팀 문화에 적응하다 보면 경력이 쌓이면 쌓일수록 그 문화가 체득된다.

어떤 회사에서 혹은 어떤 아마추어 팀에서 게임을 개발했다고 하면 참여한 게임이 나의 첫 인상이 될 것이다. 그렇기에 내가 한 일이 무엇인지를 명확하게 알고 정리하는 것이 나에 대한 객관적인 평가를 확인하는데 중요하다. 첫 인상뿐만 아니라 내가 어떠한 기획을 담당했고 그래서 어떤 고민들을 했는지가 나를 판단하는 중요한 요소로 사용된다. 그렇기에 지원할 때도 마찬가지로 게임 개발 팀에 속하게 된다면 어떤 일을 하게 될지 분명히 알고 지원하는 것이 중요하다. 내가 가지고 있는 능력과 이전의 경험을 어떻게 얼마만큼 살릴 수 있는지 따로 필요한 준비에는 무엇이 있는지를 아는 것만으로도 평가 점수를 올릴 수 있다.

조금 다른 이야기지만 물리적으로 내가 어느 팀에 들어가서 어떤 일을 할지 확정할 수 없는 경우도 존재한다. 예로 대기업의 공개 채용을 지원했다면 합격 여부를 예상할 수 있을지 몰라도 합격 이후에 소속될 팀을 결정하거나 사전에 확인하기는 어렵다.

게임 기획자는 고정적으로 요구되는 정해진 기술이 없기 때문에 다양한 분야로 자기 개발을 할 수 있다. 예를 들어 프로그래머에게 컴퓨터 언어를 그래픽 디자이너에게 드로잉 능력을 요구하는 것과 같은 요구 기술이 없다는 것이다. (물론 문서 작업에 필요한 프로그램은 여기서 제외하겠다.) 그렇다보니 자기 개발 방법에 대해 누군가에게 이야기를 해주려고 해도, 강하게 내 생각을 전달하는 것은 항상 조심스럽다. 누군가에게는 나의 방식이 효율적이지 않을 수도 있고 더 나아가 필요하지 않을 수도 있기 때문이다. 그래도 그나마 범위를 좁혀 공통적으로 이야기할 수 있는 것은 크게 두 가지 정도다. 바로 다른 직군의 기술을 익히는 것과 외국어 능력이다. 먼저 다른 직군의 업무를 어느 정도 파악할 수 있다면 기획서를 작성하는 데에 있어서 시행착오를 줄이고 의사소통 비용을 감소시킬 수 있게 된다. 모든 분야의 기술을 습득하는 것을 목표로 하기보다는 맡고 있는 기획 업무와 가장 밀접한 직군부터 시작해 보는 것이 좋다. 조금은 특수한 경우지만 때로는 기획자가 다른 직군의 기술을 공부하다가 해당 직군으로 전직하는 경우도 간혹 볼 수 있다.

이처럼 직군을 이해하기 위한 자기 개발은 게임 개발을 잘 하기 위함임은 틀림없지만 재미있는 기획을 할 수 있는 능력을 키우는 것과는 거리가 있다. 그렇다면 추상적으로 여겨지는 '재미있는 기획을 할 수 있는 방법'에는 어떤 것이 있을까? 앞서 말했듯 게임을 즐기는 것 자체도 자기개발이 될 수 있다. 게임을 개발할수록 오히려 게임과 멀어지게 되는 경우도 있는데, 그렇기에 게임 회사에 처음 입사했을 때처럼 다양한 게임과 새로 출시되는 게임에 지속적으로 관심을 갖는 것이 중요하다. 물론 게임 기획자로서 게임을 한다는 것은 여가 시간에 스트레스를 푸는 것이라 보기 어려울 때도 있다. 자연스레 업무와 연관 지어 생각하기 쉽기 때문이다. 해야 할 게임을 쌓아두고 게임처럼 한다던가 이미 시작하기도 전부터 평가하는 마음으로 시작하게 된다면 온전히 게임을 즐기는 것은 매우 힘든 일이 된다. 순수하게 게임을 즐기는 것이 가장 크게 도움이 되겠지만 꼭 그렇지 않더라도 평가를 하겠다는 자세라도 게임 플레이에 시간을 투자하는 것은 충분한 자양분이 된다. 또한 게임 플레이에 시간을 투자한다면 열 개의 게임을 짤막하게 수박 겉을 핥듯 플레이하는 것보다 그 시간을 모두 합쳐 하나의 게임을 온전하게 즐기는 것이 더 재밌는 기획을 만들어내는 배경이 될 수 있지 않을까?

신입 시절부터
지금까지 작성한 업무 노트

Q&A

게임 기획자로 몇 살까지
일할 수 있을까요?

게임 회사에는 정년이라는 나이가 명확하게 정해져 있지 않다. 불과 몇 개월 전 환갑이라는 불리는 60에 가까운 나이의 프로그래머가 동료로 게임 개발에 참여하고 있다는 이야기가 SNS에서 큰 화재가 된 적이 있다. 외국의 사례이긴 하지만 내가 태어나기 전부터 게임을 개발하던 분들이 아직까지도 현역으로 개발에 참여하고 있다는 점이 놀라웠다. 이분들을 통해 아직까지는 정년이 분명하지 않은 산업임을 간접적으로 생각해 볼 수 있었다.

우리나라에서도 게임 산업에 처음 뛰어들었던 1세대 개발자들이 아직까지도 게임 개발에 현역으로 참여하며 매일매일 새로운 기록을 갱신하는 중이다. 정년이 있는 직업의 경우 업계에서 종사하는 사람들의 평균 나이가 고정되어 매년 비슷한 수준으로 유지되는 것이 일반적이다. 하지만 게임 업계는 매년 종사자들의 평균 나이가 상승하고 있다.

게임 기획자로 시작해 게임 개발에 오랜 시간 참여하고 있는 분들의 경우를 살펴보자. 이분들은 계속해서 게임 기획자의 역할을 유지하는 경우도 있지만 기획자 외에 다양한 형태로 업무를 전환하여 게임 개발자로서의 직업을 이어가는 경우도 있다. 업무 전환에 가장 큰 비중을 차지하는 형태가 관리자 혹은 프로젝트 매니저다. 관리자는 말 그대로 팀에 포함되어 있는 기획자들의 업무를 관리하는 사람이다. 관리자 또한 기획자의 직군으로 분류되어 있지만 관리 업무를 하다 보면 게임 기획과 관련된 업무를 온전하게 담당하여 진행할 수 있는 여유가 없고 대부분 진행되는 기획에 대한 과정을 확인하고 기획 방향에 대한 점검으로 업무 시간을 소비하는 경우가 많다. 프로젝트 매니저는 주로 개발 일정을 관리하는 업무를 담당한다. 이는 기획뿐만 아니라 그래픽, 프로그램 등의 다른 직군의 업무까지 일정 관리하는 영역으로 확장된다. 이들은 게임 개발이 진행되는 상황을 체크하고 문제가 없는지 실시간으로 점검하여 발생한 문제가 지속되지 않도록 확인하는 것과 각 개발 팀원들에게 어떤 일이 주어졌는지를 정리하여 공유하는 것을 주된 업무로 한다. 그 외에도 팀의 성향에 따라 대외 업무까지 책임지는 경우도 있다. 이는 프로젝트 매니저의 인원에 따라 담당하는 영역을 분리하는 등 업무 방식이나 형태가 다채롭게 구성된다.

게임 기획에서 다른 형태의 업무로 전환을 하다 보니 온전히 게임 기획자로 게임 개발에 참여하고 있는 스페셜리스트를 만나기는 쉽지 않게 됐다. 흔히 말하는 스페셜리스트는 한 분야에 정통한 사람을 부를 때 사용하는 수식어다. 어느 분야에서나 산업의 발전을 위해서는 이와 같은 스페셜리스트가 필요로 한다. 안타깝게도 아직까지 우리나라에서 게임 기획자의 분야의 스페셜리스트는 정립하기엔 이른 감이 있다. 기획 분야의 스페셜리스트는 게임 기획자로서 오랜 시간 게임 개발을 하면 이룰 수 있는 단계다. 하지만 게임 기획을 보다 전문성 있는 직군으로 만드는 방법에 대해서는 아직은 확실하게 정의되어 있지는 않다. 아직까지는 게임 개발을 반복하며 경험한다면 같은 업무를 하는 사람들끼리 서로의 경험을 공유하고 정리하면서 전문성을 쌓을 수 있을 것으로 기대하고 있다.

나 역시 시간이 날 때마다 내가 해왔던 경험을 전달할 수 있는 형태로 정리하고 같은 일을 하고 있는 게임 기획자들과 만나 이야기하는 자리를 가진다. 어떤 방법과 방향으로 게임 기획자로의 스페셜리스트의 길을 가야할지 아직은 분명하지 않다. 그렇기에 더욱 지금은 우선 기획자로 내가 하고 싶은 일에 집중하고 있다.

Q & A

나이가 많아도 게임 기획자에 도전할 수 있을까요?

우리는 어떤 일이든 시작이 늦다면 감수해야 할 부분이 있다는 것을 알고 있다. 하지만 때에 따라 손해를 감수하더라도 원하는 것을 위해 도전할 필요가 있을 때도 있다. 게임 회사에는 비교적 이른 나이에 입사하여 게임을 개발하는 사람들을 어렵지 않게 찾아 볼 수 있다. 그렇지만 최근 들어 점차 대학교를 포함한 교육 과정을 모두 마치고 20대 후반에서 30대 초반에 입사하는 경우가 보편화되고 있다.

실제 게임 회사에서 협업을 할 때에 나이는 그다지 중요한 요소가 아닌 것이 보편적이다. 그렇기에 늦은 시기라 생각되더라도 게임 기획자를 꿈꾼다면 그 시기에 상관없이 우선 도전해 보는 것이 중요하다. 시기가 빠르고 늦다는 것은 언제나 상대적인 기준이다. 직업은 언제나 바뀔 수 있는 것이고 인생에서 몇 개의 직업을 거쳐 갈지도 알 수 없다. 그렇기에 게임 기획자뿐만 아니라 어떤 직업을 처음 선택할 때에는 언제나 신중하게 고민하고 나에게 적합한지 판단하는 것이 가장 중요하다. 늦었다는 것에만 몰두하며 다른 사람들과 비교하기 보다는 게임 기획자가 되고자 결심한 것에 집중하고 스스로가 납득할 수 있는 명확한 이유와 그에 따른 목표를 설정하는 것이 무엇보다도 중요하다.

기획자
ABC

　게임 기획자라고 하면 당연히 게임을 기획하는 일을 한다고 설명할 수 있다. 하지만 게임 기획자는 점점 더 다양한 형태로 세분화되고 있다. 나 또한 개발하는 게임에서 기획과 관련된 모든 일을 담당하는 사람에서 특정 부분의 기획을 전문적으로 담당하는 구조로 점차 변화를 경험하고 있는 중이다. 기획자가 된 이후 주기적으로 다른 회사의 기획자들을 만나 한 번씩 인사할 수 있는 기회가 생기는 편이었고, 그 와중에 처음으로 게임의 시나리오(이야기)만을 전문적으로 담당하는 기획자를 만날 수 있는 기회가 생겼다. 이는 내겐 꽤 큰 또한 새로운 경험이었다. 당시에는 이야기를 담당하는 기획자들을 인터넷상 정보나 인터뷰를 통해 아주 간혹 한두 명 정도 볼 수 있었을 정도로 특수한 포지션의 기획자로 여겨졌다. 나 또한 이미 5년 넘게 기획자로 있으면서도 실제로 이야기를 나눈 적은 처음이었다. 해외를 통해서는 이미 시나리오 디자이너라는 포지션으로 충분히 자리를 잡고 있는 기획자이지만, 국내에서는 이야기의 중요도를 높게 잡는 경우가 흔치 않았기 때문이다. 물론 개발했던 게임이 온라인 플랫폼 위주여서도 있겠지만 최근에는 우리나라에서도 이야기의 중요도가 높아지면서 점점 시나리오 기획자가 필수적으로 자리를 잡고 있다는 점도 영향을 미쳤을 것이다.

기획자에는 어떤 사람이 있느냐는 질문에 매번 몇 가지 형태 분야로 나누고 있는데 실제 개발에서는 명확하게 역할을 구분 짓지 않고 게임을 개발하는 경우가 훨씬 많다. 이런 방식은 다양한 기획 업무를 할 수 있다는 장점이 있다. 하지만 내가 어떤 기획자인지를 판단하기는 굉장히 모호하다는 단점도 동시에 존재한다. 그렇기에 현재 게임 업계에 어떤 형태의 기획자들이 있는지 매번 관심을 가지고 확인하며 기획자로서 나아가야 할 길을 미리 고민해 보는 것도 좋다.

개발을 하며 기술적인 문제가 아닌 기획의 문제가 발생했을 때 해결이 원활히 될 수 있도록 도움을 주는 기획자도 있다. 보통 게임 개발에서 각자 담당하고 있는 부분에만 집중하는 경향이 강해지기 쉽기 때문에 게임의 각 요소들이 유기적으로 잘 연결되지 않을 수 있다. 그렇기에 개발을 하며 결정해야 할 문제에 대해서는 개발하는 게임에 대해 가장 잘 알고 있는 사람이 주로 문제 해결을 맡게 된다. 게임 기획자는 이와 같은 상황이 발생하지 않도록 사전 검토를 담당한다. 이를 담당하는 기획자는 상위 결정권자의 업무가 세부적으로 분리된 형태로도 볼 수 있다. 이는 결정권을 의미하는 것은 아니고 다른 기획자와 동등한 입장에서 각종 회의에 참석해 동시에 진행되고 있는 다른 기획 요소들을 항상 최신 정보로 언급하여 게임의 각 요소들을 연결할 수 있는지를 검토하는 업무를 담당하는 것을 의미한다.

이처럼 각자의 포지션에서 전문성을 쌓고 있는 기획자들이 하나둘 생겨나는 것을 보고 있으면 나 스스로도 최종적으로 되고 싶은 미래의 기획자의 모습에 대해 상상해 보게 된다. 새로 출시하는 게임에 관심을 갖고 다양하게 즐기며 게임 속에 어떤 부분을 내가 기획한다면 얼마나 즐겁고 뿌듯할지 생각해 보는 것이다. 이것이 바로 내가 취하는 미래를 찾아보는 행동이다.

그렇다면 이미 만들어진 게임에서 판매 상품을 기획하는 기획자는 어떠할까. 재밌는 게임을 기획하는 것만큼이나 게임 출시 이후 금전적인 수익을 어떻게 얻을 수 있는지의 문제는 중요하다. 수익이 있어야 계속해서 게임을 서비스 할 수 있고 또 다른 게임을 개발할 수 있기 때문이다. 이런 관점에서 우리 게임은 어떤 상품들을 판매하는 것이 적합할지 그리고 가격은 어느 정도가 적합한지 고민하는 기획자도 있다. 일명 패키지 형태로 정해진 금액을 받고 판매하거나 광고를 통해 수익을 얻는 게임들에서는 필요하지 않는 일이겠지만 게임을 무료로 즐길 수 있도록 하면서 다양한 부가적인 상품을 판매하고자 하는 게임이라면 서비스를 하는 동안 플레이어들의 재미가 반감되지 않으면서 수익을 낼 수 있는 방안을 끊임없이 고민해야 한다. 국내에서 모바일 게임 개발의 비중이 점차 증가하면서 전문화가 가속화된 이유도 있지만 판매 모델이 천년만년 똑같이 유지될 수 없다는 것은 모든 산업에 동일하게 적용되는 이야기다. 이제는 게임을 기획을 시작할 때 어떤 형태로 사람들에게 제공할 것인지에 대한 기획의 중요성이 점차 높아지고 있다.

이처럼 게임 업계에 처음 들어올 때에는 그저 단편적으로 게임의 재미에만 초점이 맞춰져 있었는데 점차 시간이 갈수록 재미 외에도 기획자가 신경 써야 하는 것들이 늘어나는 것을 느낀다. 재밌는 게임을 만들었다고 하더라도 게임을 처음 플레이한 사람이 게임의 요소들을 쉽게 이해하지 못한다면 쉽게 떠나버릴 것이 분명하다.

이 외에도 별도의 직군으로 분류되어 있지는 않지만 게임의 튜토리얼을 유독 잘 기획하는 기획자에게는 튜토리얼 기획 또한 하나의 전문성으로 생각해 볼 법하다. 우리가 갖고 있는 자원을 어떤 방법과 순서로 차근차근 재밌게 풀어 줄 것인지에 대해 고민을 해 보았다면 생각보다 많은 고민의 시간과 개발 비용이 들어간다는 것을 알 수 있다. 튜토리얼이 없는 즉 별도의 설명 없이 즐길 수 있는 게임이 최고이겠지만 게임은 앞으로도 계속해서 복잡해질 것이고 아무런 추가적인 설명 없이 즐길 수 있는 게임을 떠올리기란 매우 어려운 만큼이나 튜토리얼은 필수적인 요소가 되었다. 단순함을 무기로 갖고 있는 게임들을 제외하고는 말이다. 몇몇 게임은 튜토리얼이 있는지 조차 느끼지 못하고 게임에 잘 적응할 수 있는 경우가 있는데 이는 튜토리얼이 없는 것이 아니라 반대로 정말 완벽하게 튜토리얼을 구성하고 있는 게임이라 생각하면 된다.

이처럼 게임의 콘셉트 혹은 플레이 방식에 맞춰 재밌는 이야기를 활용하거나 영상물, 레벨 디자인을 통한 반복 경험 등을 활용하여 플레이어가 느끼지 못할 정도로 자연스럽게 학습을 시킬 수 있는 방법에 대해 유독 많은 관심을 갖고 있는 기획자들이 있다. 물론 지금 상황에서 튜토리얼만 전문적으로 기획하는 기획자가 생기기는 어려워 보인다. 하지만 기획자가 가질 수 있는 전문성이라는 무기로는 충분한 역할을 할 수 있을 것이다.

더하여 게임 전체를 놓고 평가를 하자면 재밌었다나 별로였다는 등의 분명한 평가를 할 수 있지만 게임의 특정 부분을 언급하여 평가를 하기는 쉽지 않다. 그중에도 난이도 기획이 특히 단편적으로 평가하기 어려운 부분 중 하나이다. 게임이 어렵다고 해서 좋지 않은 평가인 것도 아니고 쉽다고 해서 좋은 평가인 것도 아니다. 어려운 게임을 개발하고자 했다면 어렵다는 플레이어의 평가는 긍정적인 점수가 된다. 난이도에 대해서는 아무런 이야기가 나오지 않는 것이 최고의 평가라는 말도 있듯이 문제가 없으면 완벽하게 좋은 기획이라 볼 수 있다. 이는 밸런스 기획자들이 흔히 하는 일인데 내가 본 한 기획자는 숫자 자체를 너무 좋아했다. 그는 서로 다른 모양의 수많은 톱니바퀴가 아무런 문제없이 돌아가는 것을 보았을 때 희열을 느끼는 사람이었다. 게임의 시스템을 기획하는 것도 아니고 신선한 콘텐츠를 기획하는 것도 아니었지만 만들어진 각종 기획 요소들에 포함되어 있는 숫자들이 문제없이 돌아가도록 계산식을 만들어 보고 수십 번 시뮬레이션을 돌려 의도한 결과가 나올 수 있도록 설정하는 일을 했다. 게임이 공개되고 나서 인터넷 게시판 등에 문제가 있다는 글이 올라오지 않는다면 대성공이다.

만약 오랜 시간 게임을 개발하면서 결정을 할 수 있는 위치에 올라가게 된다면 기획자의 길은 조금 더 많은 모습으로 갈라지게 된다.

기획자에 대한 국내 사례만으로는 충분하지 않다 보니 해외 쪽 이야기에 유독 귀를 기울이는 경우가 있는데 주로 미국에서 열리는 개발자 컨퍼런스의 정보를 찾아보는 편이다. 해외 커뮤니티에 상시로 올라오는 글 중에서도 도움이 되는 글을 찾는 경우도 있지만 아무래도 컨퍼런스에 나와 발표를 통해 전달하는 정보의 경우에 정리가 잘 되어 있기도 하고 성공 혹은 실패에 대한 확실한 사례를 얻을 수 있기 때문이기도 하다.

그렇게 보던 중에 굉장히 인상적으로 보았던 기획자가 있었는데 그 기획자는 팀에서 자존감을 책임지는 분이었다. 그분의 역할은 개발하고 있는 게임이 굉장히 혁신적이고 창의적인 게임이며 시장에서 충분히 좋은 결과를 만들어 낼 수 있다는 점을 모든 관계자들에게 지속적으로 언급하는 것이었다. 물론 아무런 이유 없이 마냥 좋다고 이야기를 한다면 누가 믿음을 갖고 들어주겠는가. 그래서 그분은 그들이 개발하고 있는 게임의 방향이 초기에 의도했던 방향에서 잘 유지되고 있으며 원하는 방향에 문제가 없는지 지속적으로 체크하고 자료를 정리하여 발표했다. 때로는 방향에 전환이 필요한 경우에도 내용을 정리하고 전파하는 역할을 담당하기도 했다. 이처럼 개발 팀원들에게 이야기를 하는 것뿐만 아니라 개발 팀이 유지될 수 있도록 회사의 경영자들을 설득하는 일 또한 중요한 업무 중 하나이다. 경영자들의 입장에서는 개발하고 있는 게임이 시장에서 더 이상 매력이 없다고 판단되면 개발 팀을 유지할 이유가 사라지고 개발이 중단되는 사태로 이어질 수 있다. 우리가 흔히 알고 있는 대기업에서는 이러한 일이 일 년에 몇 번이고 반복해서 일어난다. 그렇기 때문에 개발하고 있는 게임의 매력을 지속적으로 유지하고 전하는 일이 중요하다고 판단한 것이다. 그분은 이와 같은 목적으로 조직 중에 배치된 사람이었다. 이와 같이 그는 내게는 완전히 새로운 패러다임을 제시하는 기획자 중 한명이었다.

내 경우에는 처음부터 게임 기획자라는 직업을 갖고 기획을 하고 있지만 게임 기획자가 아닌 다른 직군으로 게임 업계에 들어와 기획자로 전직을 한 경우도 간혹 볼 수 있다. 프로그래머나 게임 그래픽을 하다가 기획자가 되는 경우가 가장 많았지만 그 외에도 게임 사운드를 제작하는 분이 기획자로 전직을 하는 경우도 있었다. 이와 같은 경우에 본인이 이전에 했던 개발 경험을 살려 기획 내용에 녹여내는 경우를 볼 수 있는데 예를 들어 게임에 들어가는 배경 그림을 담당하던 사람이 기획자로 전직한 경우에 콘텐츠 기획자로서 게임의 분위기에 굉장히 큰 비중을 둔 콘텐츠를 기획하게 되고 이를 통해 나온 결과가 게임에 배경을 보는 것만으로도 그 세계에 들어온 것처럼 쉽게 이입을 할 수 있도록 만들어 주는 콘텐츠를 탄생시키게 했다. 이는 배경의 전문적인 지식을 게임 콘텐츠 기획에 적절하게 사용했던 경우다. 이처럼 간혹 새로 출시한 게임에서 특정 포인트가 유독 부각되어 보이는 경우에는 해당 게임의 기획자가 독특한 커리어를 갖고 있었음을 확인할 수 있다. 이 외에도 게임 개발과 관련 없는 직업을 갖고 있다가 게임 기획자가 된 경우에도 이와 같은 결과가 만들어지기도 한다.

이처럼 게임 기획자가 되고자 할 때 내가 어떤 기획 분야에 관심을 갖고 있고 지금까지 어떤 길을 걸어왔는지를 십분 활용하는 것이 중요하다. 위에서 이야기한 것처럼 기획자는 매우 다양한 분야에서 활동을 할 수 있기 때문이다. 재미있는 무언가를 기획하는 것이 게임 기획자임에는 과거나 지금이나 변함이 없지만 재미있는 기획을 바탕으로 할 수 있는 일들은 점차 다양해지고 있다.

Q&A

게임 기획자들이 꼭 해 봐야 하는 게임이 따로 있나요?

사람들 마다 농담식으로 기획자는 특정 게임은 꼭 해 봐야 한다는 식의 이야기가 나오긴 하지만 내 생각에 꼭 해야 하는 게임을 지정하는 것에 큰 의미는 없는 것 같다. 가장 중요한 것은 게임을 즐겁게 즐기는 것이다. 다른 사람들이 즐겁게 생각하는 요소를 찾아내는 것도 중요하지만 우선 즐거움을 직접 경험하고 아는 것이 우선시되어야 한다.

그렇지만 상황마다 하게 되는 게임은 있다. 우선 새로운 게임에는 관심을 갖는 것이 좋다. 물론 매달마다 출시되는 게임이 워낙 많기 때문에 모든 게임을 할 수는 없지만 각자 관심도에 따라 새롭게 출시되는 게임 중 홍보를 많이 하는 게임이거나 장르의 시초가 될 법한 게임 혹은 유명한 회사의 게임 등의 일정 기준에 따라 출시되는 게임을 선택하여 플레이해 보면 도움이 된다. 항상 새로운 것을 생각하며 기획하는 사람들에게 새로운 게임은 항상 관심의 대상이 된다.

게임에는 다양한 장르가 있다. 그런 만큼 가급적 각 장르별 대표적 게임을 플레이하는 것을 추천하고 싶다. 게임에 어떤 장르가 있고 각 장르에서 추구하는 재미가 어떤 것인지를 확인하고자 하는 것인데 각 장르의 게임들이 전달하는 세부적인 재미의 포인트를 다 찾지는 못하더라도 어떤 흐름으로 재미를 따라가야 하는지 확인할 수 있다는 점에서 도움이 된다.

건축을 예로 생각해 보자. 설계도를 그리는 사람의 입장에서 내가 원하는 디자인을 하더라도 세상에 존재하는 각각의 건축 양식을 숙지하고 있다면 내가 그리는 설계 도면이 어디에 가까운 것인지를 알고 그를 비교하여 보다 정확하고 알맞은 설계도를 준비할 수 있을 것이다. 게임의 장르도 건축 양식과 같이 똑같이 따라가야 하는 것이 아닌 추구하고자 하는 방향을 보다 명확하게 하는 데에 도움을 준다는 점에서 유의미하다.

또한 개발에 참여하고 있는 게임에 따라 즐기는 게임의 종류도 달라질 수 있다. 만약 모바일 게임을 개발하고 있다면 모바일 게임에 관심을 갖게 될 것이고 PC 온라인 게임을 개발하고 있다면 온라인 게임을 주로 플레이할 것이다. 어찌 보면 자연스러운 현상이다. 개발하고 있는 게임과 유사한 게임에 관심을 가지고 플레이하는 경향이 생기는 것은 게임 개발자에게는 흔한 일이다. 이는 개발하고 있는 게임이 완벽하게 시장에 없던 새로운 게임이더라도 부분적으로는 비슷한 시스템을 취하고 있는 게임이 있기에 그를 찾아 플레이하며 참고할 수 있기 때문이다. 가끔 나는 전혀 재미를 느끼지 못하더라도 일의 연장선상으로 특정 게임을 플레이하는 경우도 있다. 이 경우는 나의 취향의 게임이 아니더라도 많은 사람들이 즐기고 있는 게임의 재미가 무엇일지 유저들의 감정을 공유하고 싶은 마음에서 기인한 것이다.

이처럼 게임을 플레이할 때는 시간을 어느 정도 투자할지 정하는 것이 필요하다. 이는 해야 할 게임이 워낙 많기 때문이고 계속 새로운 게임이 또 출시되기 때문이다. 게임에 따라 1시간, 5시간, 10시간, … 50시간과 같이 각 플레이 시간에 따라 게임의 경험이 크게 달라질 수 있다. 플레이 시간에 따라 높은 가치의 경험을 제공하는 게임이라면 놓치지 말고 오랜 시간 플레이해 볼 것을 추천한다. 어떤 게임을 즐길지는 본인의 선택이다.

자신이 좋아하는 스타일의 게임과 개발 중인 게임에 필요한 스타일을 잘 조합하여 어떤 게임을 선택하고 플레이할지 고민해 보자.

Q & A

혼자서도 게임을
만들 수 있나요?

책의 전반적인 내용에서 개인적으로 게임을 만들어 보는 것에 대해 언급을 하기도 했지만 생각보다 많은 사람들이 혼자서 게임 만드는 것을 시도한다. 그중 높은 완성도의 게임을 유저들에게 선보이는 경우도 있다. 학생 신분으로 공부를 목적으로 한 게임 개발을 진행하는 경우도 있고 현업 개발자들도 개인 시간을 활용해 자신만의 프로젝트를 진행하는 경우도 있다. 게다가 국내에서는 인디게임 붐이 일어나며 혼자 혹은 두세 명의 적은 인원이 모여 간단한 게임을 개발하여 선보이는 사례가 눈에 띄게 늘었다. 게임 개발을 원하는 개인 단위의 사람들이 늘어남에 따라 개발에 쉽게 접근할 수 있도록 돕는 도구들도 점차 많아졌다. 더불어 스마트폰 시장과 같이 게임을 손쉽게 출시할 수 있는 통로도 함께 생겨나면서 작은 규모의 게임 시장이 계속해서 성장하고 있는 추세다. 이처럼 개발 도구의 발전으로 이미 충분히 혼자서 게임을 만들 수 있는 적합한 환경이 구축되었다. 그에 따라 앞으로 계속해서 게임 개발의 장벽은 낮아질 것으로 기대된다. 최근에는 초등교육부터 '소프트웨어 개발'등의 과목이 필수 과목으로 선정되었다고 하니 앞으로는 더 많은 사람들이 손쉽게 게임을 개발할 수 있을 것으로 기대된다. 만약 지금 게임 개발을 시도해 보고자 한다면 만들어져 있는 게임을 따라 만들어 보는 것이 가장 접근하기 쉽고 빠르게 배울 수 있는 하나의 방법이다.

그럼 어떤 도구를 가지고 게임을 따라 만들어 볼 수 있을까? 흔히 유니티(Unity 3D) 엔진과 언리얼 엔진(Unreal Engine) 두 개를 놓고 이야기한다. 이 외에도 다른 방법이 있지만 현재 가장 접근성이 높아 학습 및 사용이 용이한 것은 이 두 개의 엔진이다. 앞서 설명한 도구는 인터넷 검색을 통해 공식 홈페이지에서 무료로 다운해 사용해 볼 수 있다. 홈페이지에서는 해당 도구에 대해 배울 수 있도록 학습 자료도 다양한 형태로 제공한다. 공식 홈페이지 외에도 책이나 인터넷 블로그 등을 통해 이를 손쉽게 찾아볼 수 있다. 이 같은 도구를 학습하기에 가장 좋은 것은 실제 게임을 따라 만들어 보는 것이다. 이 때 만들어 보는 게임은 너무 복잡하지 않은 간단한 게임이 적합하다.

혼자서 게임을 개발하기 전에 주의하면 좋을 몇 가지 사항을 추가로 이야기하고자 한다. 처음 게임 개발 계획을 세운다면 너무 거대한 게임을 기획하지 않는 것이 좋다. 너무 거대한 이야기를 담고 있는 게임을 만들고자 한다면 필요한 요소들이 너무 많아지고 어느 것부터 시작해야 할지 계획을 세우기가 막막해질 수 있다. 때문에 자칫 시작하기도 전에 잡아 놓은 계획을 철회하게 되는 일이 생길지도 모른다. 게임 회사에서 개발하고 출시하는 게임은 수십 명의 사람들이 오랜 시간 개발해 온 게임으로 혼자서 개발하기에 적합한 규모라고 볼 수 없다.

두 번째로 내가 추구하고자 하는 재미의 기준을 하나로 확실하게 잡는 것이 중요하다. 게임이 완성되었을 때 플레이한 사람에게 어떤 재미를 느끼도록 할 것인지 등의 내가 추구하고자 하는 하나의 재미에 대한 기준을 확실하게 잡고 있어야 한다. 예를 들어 캐릭터가 빠르게 달려 목적지까지 얼마나 짧은 시간 안에 도착하는지를 겨루는 달리기 게임을 생각해 보자. 이 게임에서는 게임을 하는 사람이 어떻게 캐릭터를 빠르게 달릴 방법을 제공할지가 재미에 가장 큰 요인으로 작용할 것이다. 적절한 타이밍에 맞춰서 버튼을 누르면 캐릭터가 빨리 달리게 된다던지, 무조건 빠르게 버튼을 누른다면 더 빨리 달리게 된다는 등의 방법을 정하는 것이 중요하다. 이러한 정해진 방법에 따라 게임에서 어떤 것을 보여줘야 하고 캐릭터가 빨리 달리는 모습은 또 어떻게 보여줄 수 있는지 등의 고민을 효율적으로 할 수 있게 된다. 내가 전달하고자 하는 재미가 게임이 완성되었을 때에 사라지지 않도록 지속해서 그 요소를 기억하고 반영되도록 노력해야 한다.

세 번째로 내가 만들고자 하는 게임과 비슷한 게임을 찾아보는 일이다. 전체적으로는 비슷하지 않더라도 만들고자 하는 게임과 일부분 비슷한 요소를 포함하더라도 괜찮다. 비슷한 여러 개의 게임을 찾아보고 어떤 것을 제작하였는지 확인하고 그를 통해 개발 노하우를 얻게 되면 개발에 필요한 시간을 단축시킬 수 있다. 게임을 개발한다고 하더라도 모든 것을 완벽히 내 손으로 만들 필요는 없다. 다른 사람들의 개발 방식을 통해 학습하고 나만의 것을 만들어가는 과정에 무게를 두면 된다.

네 번째로 진행하는 과정을 기록하여 남겨 두는 것이다. 초기 기획 단계부터 어떤 이유로 개발을 시작하였는지, 어떤 이유로 특정 게임을 개발하고자 했는지 등의 본인이 생각했던 내용들을 정리하는 것이다. 혼자서 개발을 하다 보면 의사소통이 필요하지 않기에 사소한 부분까지 왜 이런 결정을 하게 되었는지를 지속적으로 확인하는 것이 중요해진다. 과정을 인지하지 못하면 다음에도 이유를 알 수 없는 잘못된 결정을 반복할 수 있기 때문이다. 그렇기에 기간을 정한 후 고정된 기간마다 개발 상황을 체크하며 게임을 테스트하고 그에 대해 느낀 생각을 정리하는 것도 하나의 좋은 정리 방법이다.

마지막으로 만들고자 하는 게임을 개발했다면 꼭 자신이 아닌 다른 사람에게 플레이시켜보는 것이 좋다. 내가 개발한 게임을 나 혼자만의 것으로 만들지 말자. 개발한 게임을 누군가 플레이하고 어떤 경험을 했는지 확인하는 순간이 기획자들에게는 가장 크게 배울 수 있는 시간이 되기 때문이다. 처음 의도했던 재미가 유저들에게 잘 전달되었는지 그렇지 않다면 어떤 이유 때문인지를 확인함으로 기획을 개선할 수 있다.

게임 기획자의
미래

　매년 미래의 직업을 예측하는 기사에서 미래에 사라지는 직업과 새롭게 떠오르는 직업을 뽑아 발표를 하는데 다행히도 아직까지 전문가들이 예측한 사라지는 직업에 게임 개발자가 언급된 적은 없었다. 게임 개발자가 곧 게임 기획자만을 의미하는 것은 아니지만 기획자에게는 게임을 즐길 수 있는 환경이 유지되는 세상이라면 충분할 것이다. 물론 지금과 동일한 형태를 유지하고 있을지는 미지수이지만 말이다. 과거에 잠깐이지만 새롭게 떠오르는 직업으로 게임 개발자가 있었던 시절도 있었지만 지금에 와서는 나름 대중적인 직업으로 자리 잡아 언급이 되는 횟수가 급격히 줄었다. 나는 게임 기획자라는 직업이 앞으로 영원히 계속 될 것처럼 굳게 믿다가도 문득 언젠가 갑자기 사라질 수 있는 직업이라는 걱정을 할 때가 있다. 하지만 사라지지 않고 유지될 수 있는 방법을 고민하는 쪽이 훨씬 더 생산적인 시간을 보내는 것이라 생각하고 가볍게 넘겨버리곤 한다. 게임 기획자라는 직업이 사라지지 않는다는 것을 믿는다고 하더라도 내가 그 사이에서 지금과 같이 게임 기획을 직업으로서 계속해서 할 수 있을 것인가라는 현실적인 문제에는 대답이 필요했다. 그렇다면 최소한 직업이 사라지기 전까지라도 게임 기획자로 계속 일하기 위해서는 무엇을 해야 할까.

나는 일찍이 게임 기획자로 일하기 시작해서 13년이 넘는 시간 동안 게임 기획자로 일해 오고 있다. 지금까지 거쳐 온 시간보다 두 배, 세 배 앞으로 더 많은 시간을 게임 기획자로 있고 싶은 한 사람으로 게임 개발에 참여하기 위해 갖춰야 할 미래에 기획자는 어떤 모습이어야 할까 생각해 봤다. 나는 매년 길게는 10년, 짧게는 5년 단위로 미래 계획을 갱신하면서 세우는 편이다. 물론 의례 게임 기획자가 미래에도 존재할 것을 전제로 생각한다.

다행히 게임 기획자를 계속하는 것에 '왜'라는 물음은 없다. 게임 기획자라는 직업에 대한 만족하고 있고 재밌는 게임을 기획하여 만족할 많은 게임을 개발하는 것을 바라고 있을 뿐이다. 그렇다면 이렇게 오랜 시간 게임 기획자를 하고자 하는 나에게 누군가가 어떠한 노력들을 하고 있는지 물어 본다면 어떤 대답을 할 수 있을까? 나에게 있어 게임 기획자로서 가장 불행한 일은 게임을 더 이상 좋아하지 않게 되는 일이다.

나는 게임 이외에도 가끔 서점에 들러 만화책을 구매해 보는 것을 좋아하는데 보려고 계획 했던 책들을 몇 주에 걸쳐서 구매만 하고 업무에 밀려 읽지 못하고 쌓아 놓기만 했었다. 쌓여있는 책들을 기한에 쫓겨 해결해야 하는 숙제처럼 계획을 세우고 억지로 라고 읽어야겠다는 생각이 든 순간 왜 이렇게 까지 내가 좋아하는 일을 의무적으로 해결하려 할까 하는 생각이 들었다.

물론 무언가 하나를 계속해서 좋아한다는 것은 굉장히 어려운 일이다. 그럼에도 불구하고 오랜 시간 좋아할 수 있으려면 내가 어떤 이유 때문에 좋아하는지를 본인이 분명하게 알 필요가 있다고 생각한다. 그냥 이유 없이 좋아한다는 것은 무언가를 처음 좋아할 때의 감정이다. 그것이 반복되면서 좋아하는 분명한 이유를 자신이 확인하지 못한다면 단순 호기심에 좋아했던 무언가였을 것이고 금방 싫증을 내고 더 큰 호기심을 줄 수 있는 다른 대상으로 관심이 옮겨 갈 것이다. 내가 기획자를 계속하기 위해 노력하고 있는 첫 대답은 여기서부터 시작된다. 나는 몇 년 전까지만 해도 운 좋게 좋아하는 것들을 별다른 이유가 없어도 계속해서 좋아할 수 있었고, 그로 인해 직업을 갖고 좋은 결과를 얻었다. 하지만 이내 이러한 운이 앞으로 계속해서 따라주기를 기대하는 것은 힘들다는 결론을 냈고 내가 어떤 것에 관심이 더 많고 무엇을 어떤 이유 때문에 좋아하는지 나에 대해서 분명하게 하는 일을 시작했다. 게임을 즐긴 이후에 객관적인 평가를 하는 것이 아니라 온전히 내가 느꼈던 즐거웠던 경험과 반대로 지루했던 경험을 글로 정리해 보는 일을 했다.

과정은 간단했지만 만족스러운 글을 쓰기가 어려웠다. 꽤 오랜 시간 글을 쓰고 나서 내가 느꼈던 감정을 옮겨 적었지만 원하는 느낌이 들지 않았다. 처음에는 생각하는 무언가를 그대로 글로 옮겨 적는 일조차 어려움을 느꼈다. 기획서를 쓰는 것과 무엇이 다를까 생각할 수 있지만 게임 기획 문서는 내가 생각하는 재미를 다른 누군가에게 설명하기 위한 조금은 딱딱한 설명서라고 한다면 내가 느낀 경험을 옮겨 적는 일은 굉장히 디테일한 일기에 가까웠다. 이 과정을 반복적으로 하면서 나에 대해 정확하게 인지한 것은 내가 게임에 대해 흥미를 잃지 않고 앞으로도 계속해서 내가 좋아하는 것들을 찾아가는 여정을 이어갈 수 있을 것이라는 확신이었다.

어찌 보면 기본일 수 있는 일이 나에게는 기획자를 앞으로도 계속해서 하기 위한 중요한 일이었다. 그 다음은 경험을 실력으로 쌓기 위한 방법이다. 앞에서도 이미 언급했었던 개발을 하면서 경험했던 일들을 장기간 기억할 수 있도록 기록하여 쌓아가는 방법이다. 다만 아직은 나만의 방법을 구체적으로 확실하게 정립하지 못하고 찾아가는 중이다. 기록한 내용을 회고하는 기간이나 방식 등에서도 더 시도가 필요하고 혼자 고민을 하는 것만이 아니라 다른 사람들의 방법을 따라가 보기도 하면서 기록했던 내용을 잊어버리지 않기 위해 한 달에 한 번 씩 몰아서 보는 등의 단순한 방법도 쓰고 있다.

더불어 내가 개발자 컨퍼런스에 참여하는 것을 좋아하는 이유 중 하나가 여기에 있다. 다른 사람들이 했던 개발 과정 학습하는 것 외에도 그 사람들이 경험했던 일들이 정리된 최종 결과물을 보는 것에 큰 관심을 갖고 있기 때문이다. 어떤 사람은 굉장히 사소한 경험을 통해 큰 깨달음을 얻은 결과물이 있는 반면에, 굉장히 오랜 시간 동안 많은 것들을 경험했지만 아쉽게도 기억에 남는 일들이 많이 남아 있지 않은 경우도 볼 수 있다. 컨퍼런스가 끝나면 참관했던 여러 사례들 사이에서 내가 활용할 수 있는 방법을 찾아 내 경험을 내가 다시 학습할 수 있도록 정리한다. 또한 이러한 일련의 작업은 게임 기획이 하나의 전문적인 기술로서 자리를 잡을 수 있도록 기대하는 바도 있다. 미래에는 게임 기획을 잘 한다라는 이야기가 추상적인 근거가 되지 않도록 내게는 장점이자 여기서는 단점일 수 있지만 한가지의 포지션에서 오랜 시간 경험을 한 것이 아니라 여러 가지 다양한 것들을 기획하다 보니 경험의 깊이가 조금씩 달라 서로 다른 포지션에서 참고로 보기에는 부족한 경험으로 치부되는 내용들이 생겼다.

기획의 모든 영역을 모두 포괄할 수 있다면 좋겠지만 불가능하다고 생각해서 내가 정말 좋아하고 잘 할 수 있는 영역을 선택하여 깊게 파야하는 시기가 왔다고 느끼고 있는 요즘이다. 노력해야 하는 항목 중 가장 후순위로 놓은 일은 다른 직군의 기술을 익히는 것이다. 컴퓨터 언어를 익히거나 새로운 아트 기술에 관심을 갖고 이해하는 등의 노력이다. 당연한 이야기이지만 노력 이전에 이미 학습이 되어 있다면 더 좋았을 것이다. 하지만 여기서 이야기하려는 내용은 이미 학습된 내용일지라도 추가로 필요한 새로운 학습을 의미한다. 이 부분이 나에게 후순위가 된 것은 그리 오래되지 않았다. 처음에는 기획보다 타 직군을 이해하기 위한 기술을 익히는 것에 굉장히 많은 초점을 맞추고 있었다. 당시 게임 개발에서 기획자가 팀에 기여할 수 있는 내용이 한정적이라고 생각했기에 자존감은 한없이 추락했다. 팀에 도움이 되지 않는 사람이라는 불안감이 지속됐기 때문이다. 정작 당시 같이 개발했던 팀원들에게 물어본 결과로는 민망할 정도로 아무도 신경 쓰지 않았다고 한다. 물론 당시에 같은 이야기를 들었다고 할지라도 다른 팀원들의 생각보다 우선 내가 느끼는 불안감이 더 컸기 때문에 무언가라도 도움이 될 수 있는 기술을 찾는 것에 혈안이 되어 있었을 것이다. 하지만 그렇게 남는 시간을 기술을 익히고 있는 와중에 개발하고 있는 게임에서 내 기획에서는 발전을 찾아 볼 수 없었다. 나는 별도의 노력을 통해 게임 프로그래머나 그래픽 디자이너가 되고 싶던 것이 아니었다. 그저 게임 기획자로서 더 재밌는 기획을 만들기 위해 노력을 하던 것이었는데 시간을 소비하는 우선순위가 잘못 잡혀 있었다. 물론 기획자에 따라 각자가 지향하고자 하는 방향이 다르기 때문에 필요에 따라 혼자가 게임을 개발하게 된다면 코드도 짜야하고 캐릭터도 만들어야 할 수도 있다. 하지만 나는 팀 단위로 이뤄진 개발 팀에서 기획자가 효율적으로 재밌는 기획을 만들어 내야하는 환경에서 기획자를 하고 있다.

서로의 신뢰가 중요한 팀 단위의 개발에서 내가 신뢰를 줄 수 있는 방법은 프로그램이나 그래픽을 잘 아는 것이 아니라 재밌는 기획을 만들어 내는 일이다. 이렇게 나의 노력의 우선순위는 조금씩 조정되면서 지금에 도달했다. 우선순위와 그에 따라 시간을 투자하고 있는 항목들을 나열했지만 누군가 내게 우선순위가 높은 것만 하면 되는지 물어본다면 선뜻 그렇다고 이야기하긴 어렵다. 사실 우선순위에 관계없이 어떻게든 전부 다 해야 할 것 같은 부족함을 항상 느끼기 때문이다. 자기 개발이 끊임없이 필요한 직업임은 알고 시작했지만 상상 그 이상이다. 새로운 게임도 계속해서 출시되고 그에 따라 기술이든 작업 방식까지도 패러다임이 계속 변화를 한다. 좋은 점은 직업으로서 지루할 일이 없다는 점이다.

나는 앞으로 얼마큼 시간을 쓸 것이고 뭘 할 것이라는 등의 지킬 수 없는 무리한 계획보다는 우선 지금하고 있는 것들을 꾸준히 하고 추가로 내게 부족한 부준들을 채워 나아가면서 지금보다 내 직업에 흥미를 높이는 일에 매진하려한다. 가끔은 내가 개발하고 싶은 게임에 대해 메모를 한다. 이는 나에게 온전하게 결정을 할 수 있는 기회가 어떤 방식으로든 주어진다면 내가 정말로 하고 싶었던 것을 잊지 않기 위함이다. 메모의 내용은 처음 보드게임을 만들었던 초등학생 때 기억부터 끌어올려 플랫폼 등에 구애받지 않을 범위에서 핵심 플레이 방식과 만들고 싶었던 이야기가 주를 이룬다. 내가 원하는 게임을 개발하기 위해 기존에 성공한 기획자의 중에 한 명을 모델로 뽑아 자신의 가이드로서 밟아가는 것도 충분한 의미가 있겠지만 등장하지 않는 새로운 게임에 기대를 거는 것처럼 기획자의 모습 또한 자신에게 어울리는 길을 새로이 만들어 가는 것에도 큰 의미가 있다. 게임 개발에서 기획자가 할 수 있는 분야를 늘리고 다양하고 재밌는 게임이 등장하려면 지금보다 다양한 기술들은 물론 더 많은 경험들이 기획자에게 요구될 것이다.

　모바일 시장이 주를 이룬 이후부터 국내에서 출시되는 게임들이 해외에서 좋은 평가를 받는 경우가 이전보다 감소하였다. 하지만 여전히 국내에서 개발하고 있는 대부분의 게임들은 해외에서도 좋은 평가를 받을 수 있기를 기대하면서 개발에 매진하고 있다. 한국의 게임 산업이 한국을 홍보할 수 있는 수단으로 K-pop과 라이벌로 앞 다투어 좋은 성과를 낼 수 있다면 국내의 게임에 대한 인식의 개선도 같이 꾀할 수 있을 것이다. 게임 산업에 대한 인식의 변화는 곧 게임을 개발하고자 하는 사람들이 늘어나고 그로 인해 산업의 경쟁력도 같이 높아지면서 게임이라는 산업의 생명력을 연장시키는 것으로 이어진다. 이러한 과정은 게임이 앞으로도 국내에서 좋은 산업으로 유지될 수 있는 하나의 방안이다. 미래에는 단순히 기술을 독점하는 것이 지금보다 더 어려워지는 것 뿐 아니라 의미가 점차 퇴색되고 새로운 무엇을 만들어 낼 수 있는 환경이 훨씬 더 높은 가치로 자리매김 할 것이라 의심치 않는다. 이에 대해 좋은 문화를 갖고 즐거운 게임을 만들어 내는 기업의 탄생이 긍정적인 신호가 아닐까 한다. 그 안에서 내가 만들어내는 기획이 게임으로 만들어지고 산업에 기여할 수 있는 가치를 지니고 있다면 그보다 만족스러운 결과는 없을 것이다. 이것이 내가 생각하고 있는 미래에 기획자로 나에게 기대하는 모습이다.

Q & A

게임 기획자라는 직업은
사라지지 않을까요?

본인의 직업이 영원히 지속되리라 생각하는 사람은 없다. 다만 내가 일을 할 수 있는 나이까지 남아 있을 수 있는 직업인가라는 질문은 할 수 있겠다. 게임 기획자라는 직업은 생각보다 탄생된 시기가 그리 오래 되지 않아 역사가 길지 않고 지금 이 순간에도 각 전문적인 분야에서 세분화가 이뤄지는 중이다. 그렇기에 앞으로 게임 기획자의 10년, 20년은 어떤 모습으로 남아 있을지 상상해 볼 수 있겠다.

장기적인 내 목표는 평생 게임 기획자가 되는 것이다. 이는 게임 기획자라는 직업이 쉽게 사라지지 않을 것이라는 믿음에 기반한다. 최소한 세상에서 게임이라는 것이 사라지기 전에는 게임 기획자라는 직업은 같이 공존할 수 있으리라 생각한다. 물론 지금과 동일한 업무 환경과 내용이 유지될 수 있을지는 알 수 없지만 말이다. 게임 기획자를 포함한 게임 개발자라는 직업은 과거에도 그렇고 앞으로도 계속 안정적인 직업과는 다른 직업이 될 것으로 생각된다. 이는 게임이 발전 속도가 매우 빠르고 항상 최신 기술을 사용해야 한다는 점에서 개발자가 기술의 발전을 따라가며 직업을 유지해야 하기 때문이다. 이는 한 번 배운 기술을 그리 오랜 시간 사용하지 못한다는 의미도 된다. 가지고 있는 기술의 유통기한이 짧을수록 직업은 불안정할 수밖에 없다. 그렇다고 게임 기획자라는 직업이 사라지지는 않겠지만 이는 그 직업의 형태가 바뀔 수 있음을 의미한다.

최근 들어 딥 러닝 기술이 화두다. 이에 따라 게임에서도 필요한 포인트에 점차 도입이 되고 있는 시점이다. 딥 러닝 기술을 통해 몬스터가 등장하는 던전을 자동으로 생성하는 기술이 선보여지면서 기획도 자동화가 되는 것이 아닌지에 대한 논의도 활발히 이루어졌다. 물론 해당 기술이 확실하게 정착되기 위해서는 아직 시간이 더 필요하고 모든 장르의 게임 사용할 수 있는 형태의 기술이 아니라는 것도 감안해야 한다. 하지만 이를 통해 기술뿐만이 아니라 재미라는 요소를 AI가 만들어 낼 수 있다는 가능성에 집중할 필요가 있다.

그럼 이렇게 자동으로 던전을 더구나 빠른 시간 내에 만들어 줄 수 있는 기술이 도입된다면 기획자가 필요하지 않게 되는 것일까? 하지만 단순하게 그렇게만 생각할 수는 없다. 만약 던전이 자동화되면 물론 이전에 했던 작업들이 간편해지는 것은 사실이지만 이는 해야 할 일이 조금 바뀌었음을 의미한다. 이와 같은 새로운 기술을 얼마나 잘 활용할지는 게임 기획자의 역할에 달려있기 때문이다. 던전을 하나씩 만드는 일에 소비했던 시간을 활용하여 더 재밌는 던전의 기준, 정의 등을 내리는 데에 투자할 수 있게된 것이다. 또한 던전 만드는 데에 많은 시간이 필요하지 않게 되어 게임의 규모를 줄일 필요 없이 수백 개의 던전을 활용할 수 있는 게임을 새롭게 구상해 볼 수 있게 되었다. (물론 모든 게임에 수백 개의 던전을 제공한다고 하더라도 무조건 재미가 정비례로 증가하는 것은 아니다.)

이와 같은 자동화는 새로운 게임이 빨리 출시될 수 있게 도울 것이다. 하지만 그 게임이 재미가 없다면 아무리 생산성이 좋더라도 의미가 없는 일이다. 게임에 중요한 요소는 재미다. 재밌는 게임이 계속해서 출시되어야 사람들에게 사랑받을 수 있고, 그런 사람들이 계속 게임을 즐기는 한 게임 기획자의 일은 계속 존재할 것이다.

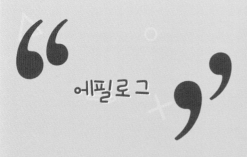

에필로그

주변 사람들에게 게임 기획자에 대해 소개할 수 있는 책을 쓴다고 이야기를 하자마자 어떤 이야기를 담을 거냐고 한껏 궁금증이 오른 얼굴을 보았다. 이야기를 할 때 마다 관심을 보인 사람들과 꽤 오랜 시간 흥미로운 질문과 대화를 주고받곤 했다.

보통 게임 개발자라는 직업에 대해서는 긍정적인 기사보다 부정적인 기사가 많다. 하지만 기사에서 볼 수 있는 게임 개발자의 모습과 달리 누구보다 즐겁게 게임을 개발하며 회사를 다니고 있다.

원고가 조금씩 완성되어 가면서 게임 개발에 대해 보다 많은 사람들이 흥미를 가지고 준비했으면 하는 바람이 더욱 커져 갔다. 기획자에 대한 어떤 이야기를 적을지 고민하면서 과거의 경험부터 다시 차근차근 되새김질을 하고자 일지로 사용했던 다 쓴 노트를 모두 다시 꺼냈다. 신입 시절부터 시작해 세상 밖으로 나오지 못한 프로젝트에 참여했던 기록까지 내가 했던 일들을 확인하고 정리하면서 의미 있는 기억들을 다시금 상기시킬 수 있었다. 과거의 노트를 열어 책에 담을 이야기를 찾고자 시작했지만 지금의 나에게 일침을 가하는 문구들이 생각보다 곳곳에 있었다.

업무 일지는 내가 해야 하는 일들을 적기 위해 사용했지만 다 쓴 노트를 버리지 않고

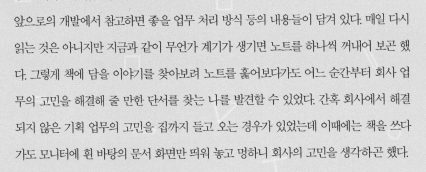

가지고 있는 이유는 중간중간 개발하며 기록해

두었던 생각들을 잊지 않기 위해서다.

주로 내가 잘못했던 것이나 혹은 잘했던 것, 그리고

앞으로의 개발에서 참고하면 좋을 업무 처리 방식 등의 내용들이 담겨 있다. 매일 다시

읽는 것은 아니지만 지금과 같이 무언가 계기가 생기면 노트를 하나씩 꺼내어 보곤 했

다. 그렇게 책에 담을 이야기를 찾아보려 노트를 훑어보다가도 어느 순간부터 회사 업

무의 고민을 해결해 줄 만한 단서를 찾는 나를 발견할 수 있었다. 간혹 회사에서 해결

되지 않은 기획 업무의 고민을 집까지 들고 오는 경우가 있었는데 이때에는 책을 쓰다

가도 모니터에 흰 바탕의 문서 화면만 띄워 놓고 멍하니 회사의 고민을 생각하곤 했다.

하루 종일 기획서를 작성하는 직업을 가지고 있었음에도 글쓰기엔 쉽게 익숙해지지

않았다. 원고는 고민에 고민을 거듭하여 거북이 걸음처럼 천천히 채워 나갔고, 책의 전

반적인 내용은 조심스럽게 또 한편으로는 강한 어조로 담아냈다. 이제 게임 기획자가

나에게 맞는 직업인지 판단하고 선택해야하는 시간이 찾아왔다.

시장 상황이 항상 변화를 밥 먹듯 하는 게임 업계이기 때문에 어느 시점이 적합하다고

쉽사리 이야기하기 어렵다. 더불어 최근 WHO에서 게임 중독을 새로운 질병으로 분

류했다는 확정 기사도 난 시점이다. 정식 질병으로 발효되기까지 아직 시간이 남아 있

지만 이것이 게임 업계에 미칠 영향이 어느 정도일지는 알 수 없다. 그렇기에 아무래도 우려하는 목소리가 나오고 있는 실정이다. 이와 같은 질병으로서의 분류 이슈도 있지만 그로 인해 국내에서의 게임에 대한 인식 또한 신경 쓰지 않을 수 없다. 이는 게임을 개발하고자 준비하는 사람들에게도 영향을 미칠 것이라 생각한다.

이미 나처럼 게임 개발을 하고 있는 입장에서는 지금까지 그래왔듯 게임이 사람들에게 즐거움을 전달해줄 수 있도록 돕는다고 생각하며 일할 것이다. 하지만 마냥 긍정적으로만은 생각할 수는 없기에 변화될 미래에 대해서도 대비해야 한다. 마찬가지로 지금 게임 업계로 들어오기로 준비하는 경우에도 앞으로 게임 산업이 받을 냉정한 평가에 귀를 기울일 필요가 있다.

시장에서 주로 개발하는 게임의 형태가 바뀌면 구인을 하는 개발자의 형태에서도 차이가 생기는데 PC 온라인 게임에서 모바일 게임으로 게임 개발 환경이 바뀌면서 많은 개발자들이 가장 크게 환경의 변화를 경험했다. 이에 따라 미래의 게임이 어떤 형태로 변화할지 한번쯤은 고려하여 나의 능력을 발전시킬 방향을 정하는 것을 추천하고 싶다.

개인적으로 원하는 것은 앞으로 더 많고 다양한 사람들과 같이 게임을 개발하는 것이다. 많은 사람들과 오랜 기간 게임을 개발하고 출시하여 좋은 평가를 받는 경험은 어떤 경험과도 비교할 수 없는 큰 성취감을 준다. 이런 경험을 좀 더 다양한 사람들과 나눌 수 있고 넓게는 능력 있는 더 많은 사람들이 게임 개발에 참여하여 세계에서 인기를 얻는 많은 게임들이 국내에서 개발될 수 있기를 꿈꾸고 있다.

유명 연예인이나 스포츠 선수가 해외에서 좋은 성과를 내면 뿌듯함을 느끼듯이 국내 게임이 해외에서 높은 인기를 얻으면 내가 개발한 게임이 아니더라도 괜스레 어깨가 으쓱해진다. 앞으로는 더욱 많은 국내 게임이 해외에서 인정받을 수 있도록 개발되려면 많은 사람들이 게임 업계에 유입되는 것이 우선이지 않을까 생각한다. 이처럼 게임 기획자에 대한 소개를 책을 통해 담아냈던 이유도 게임 개발자에 대한 직업을 좀 더 많은 사람들이 인지했으면 하는 바람에서였다.

부디 이 책을 통해 직업으로서 게임 기획자가 어떤 일을 하는 사람인지 조금이나마 전해질 수 있길 바란다. 게임 기획자에 대한 질문에 다양한 대답이 나올 수 있겠지만 최대한 다양한 이야기를 담아 게임 기획자에 대해 설명하고자 했다. 이 책을 통해 기획자라는 직업에 흥미가 새롭게 생겼거나 혹은 원래 갖고 있었던 관심이 바뀌지 않았기를 소망한다.

이렇게 책을 통해 게임 기획자를 이야기할 수 있는 자리를 마련해 주신 이담북스에 감사 인사를 드리며 내일부터는 다시 게임 개발자로서 게임 개발에 매진하여 계속해서 재밌고 새로운 게임으로 즐거움을 전달할 수 있는 기획자의 이야기를 이어가 보겠다.

비가 오는 주말 늦은 저녁
이야기를 시작한지 한 해가 지나서야 마무리를 하며……